我的能源探索之旅

北师大实验中学"北京市中学生金鹏科技
地球与环境"分团 编

·北 京·

图书在版编目（CIP）数据

我的能源探索之旅 / 北师大实验中学"北京市中学生金鹏科技地球与环境"分团编. -- 北京：星球地图出版社，2024.1

ISBN 978-7-5471-2824-4

Ⅰ. ①我… Ⅱ. ①北… Ⅲ. ①中学地理课－中学－教学参考资料 Ⅳ. ①G634.553

中国国家版本馆CIP数据核字(2023)第227340号

编委会主任：	李晓辉
编委会副主任：	张义亮
编委成员：	方秀琳　周又红　王 韬　张 毅　郭恒源　吕 玥　马 静
主　　　编：	王 韬
副 主 编：	张 毅　郭恒源
作　　　者： （姓氏笔画）	丁子涵　王洪海　王惠娟　邓雨婷　吕 玥　任 坡　许 多　肖怀朋 吴飞影　张梦翠　张 毅　郭恒源
人 物 插 图：	袁 音　徐艺霏

书　　名	我的能源探索之旅
编　　著	北师大实验中学"北京市中学生金鹏科技地球与环境"分团
责任编辑	刘 颖
编　　辑	白 璐
美术编辑	欧阳运昕
审　　校	何 姗
出　　版	星球地图出版社
地址邮编	北京市北三环中路69号　　100088
印　　刷	廊坊一二〇六印刷厂
发　　行	新华书店
开　　本	890毫米×1240毫米　　1/16
印　　张	10.25
版次印次	2024年1月第1版　2024年4月第1次印刷
书　　号	ISBN 978-7-5471-2824-4
审图号	GS京(2023)1465号
定　　价	65.00元

书中部分图片作者不详，有关事宜，请与本社联系。

如有残损　随时调换　发行部电话：010-62011565

版权所有　侵权必究

序

党的二十大对教育提出了新的要求：坚持为党育人、为国育才，全面提高人才自主培养质量，着力造就拔尖创新人才，聚天下英才而用之。这与我校"培养全面发展，学有特长的英才"的育人目标不谋而合。

北师大实验中学一直坚持的育人理念是"四会教育""三全教育"。"四会"即会求知，会生活，会办事，会做人。求知不是单纯的追求考试成绩，而是要利用中学时光学会学习的方法，培养学科兴趣，主动追求科学。"三全"则是全员、全过程、全方位。这要求我们全体教职员工要共同参与，为学生全面发展、学有特长助力。在此理念的指引下，我校自建校以来便十分重视科技教育。我们深知，少年智则国智，少年强则国强。科技人才、拔尖创新人才的培养要从少年抓起，要在少年的心里点亮一盏科技的明灯。我们在科技教育上实践着"实验范式"，贡献着"实验力量"。

北京市金鹏科技团在北京市中小学科技教育活动中的影响广泛，其宗旨是：注重过程体验，重视学习兴趣和科研方法培养，鼓励创新意识，促进学生全面发展。我校现有两个金鹏科技团，即生命科学分团和地球环境分团。作为新晋金鹏科技团的一员，地球环境分团的师生积极谋划，通过环境改造、社团、讲座、宣传、实践活动、竞赛等方式，将地球、环境的相关知识、方法传递给更多同学，既丰富了实验中学校园的科技氛围，也在用实际行动创设地球环境科技教育的"实验范式"。地球环境分团团队通过经验梳理，将平时所思、所为、所感汇集成册，力求为更多孩子提供科技食粮，为教育"双减"做好科学教育加法贡献"实验力量"。

祝愿地球环境分团团队开拓进取，不忘初心，坚持科技育人，助力培育全面发展的实验英才！

北京师范大学附属实验中学 李晓辉

2023年4月8日

写在前面的话

一、初心

2022年，北京师范大学附属实验中学走过了105年的历史，自建校伊始，便确立了"课程+活动+社团"的育人体系。105年来，实验中学秉承求实、创新、务实、进取的办学精神，课程体系始终不局限于课内的教学，如地理学科，从地质勘探小组，到太阳能小组、环境监测小组，再到后来由地理、历史、化学环境等多学科组合成的"徐霞客综合科技实践活动"，更是获得全国科技创新大赛的科技活动评比一等奖和全国十佳第一名的好成绩。这一系列的课程设计，都很好地诠释了实验中学在地球与环境领域的努力和探索。2020年，在"徐霞客综合科技实践活动"的基础上，实验中学师生共同努力，以深厚的历史底蕴，完善的制度建设，丰富的学生活动，强大的指导教师团队，丰厚的学生活动成果，通过了北京金鹏科技论坛地球与环境分团的评选，使我校实现一校两团（生命科学分团和地球与环境分团）的突破。

在此背景下，实验中学金鹏科技团"地球与环境"分团的师生们在前辈们的荣光下，努力传承、创新，继续用课堂内外的科技活动实践着实验中学的坚守。为了能更好地总结、整理、反思我们的实践活动，也给其他需要开展科技实践活动的师生提供一些参考，我们整理了近两年我们在节能环保方面的思考和实践，总结完成这本书，以期与同样关心地球与环境的老师和同学们共同探讨和研究。

二、创作思路

有些学校的老师想组织科技实践活动而苦于没有实践主题，有些同学想进行科技探索活动而苦于不得法，那能不能有一本书，无论教师或者是学生，拿到手就可以在情境、方法、流程的指导下自主开展科技实践活动，并在活动中受到启发，衍生出更多更有价值的科技实践活动呢？本书为满足老师和同学们的这一需求应运而生。

为了让本书更具可读性和亲和力，我们创造了若干个形象：小能（主人公）、大源老师、力量博士。以小能在学习、生活中发现的问题为情境，涉及校园、社区、城市等学生平时可能关注到的不同场景。以小能和同学、家长、老师们的沟通对话为形式，展开小能的科技实践活动。当然，实验中学的校园里有一群"小能"，本书正是这些"小能"们在学校学习、社会实践、家庭生活中的真实思考和实践。所以我们给本书取名为《我的能源探索之旅》，希望孩子们在科技实践活动的旅程中收获营养，为自己的学习旅途、人生旅途助力。

本着贴近学生思维和科技探索过程的原则，我们在设计章节栏目的时候以学生真实实践探究活动思路为基本思路：

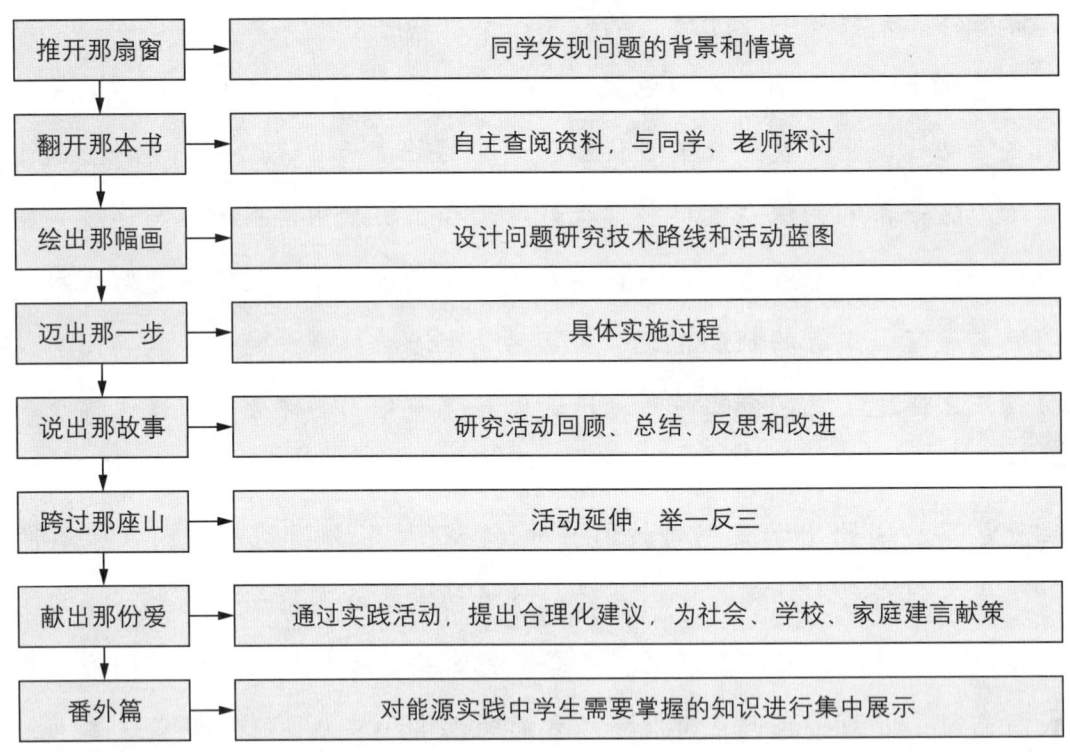

推开那扇窗	同学发现问题的背景和情境
翻开那本书	自主查阅资料，与同学、老师探讨
绘出那幅画	设计问题研究技术路线和活动蓝图
迈出那一步	具体实施过程
说出那故事	研究活动回顾、总结、反思和改进
跨过那座山	活动延伸，举一反三
献出那份爱	通过实践活动，提出合理化建议，为社会、学校、家庭建言献策
番外篇	对能源实践中学生需要掌握的知识进行集中展示

通过这些环节，我们基本上还原了同学们发现问题、制定方案、研究问题、解决问题、提出建议的实践过程。本书不仅介绍了一些我们的实践和思考，还向读者传递了关于节能环保的科学实践活动的知识和方法。

三、使用中的注意事项

秉着过程比结果重要的原则，本书在创作过程中，删除了大部分我们已经进行过的实践或者实验数据，目的是想向读者呈现一本活动指导手册，而不是活动成果展。读者拿到书本后可以注意以下方面：

1.各个主题独立且成体系。全书一共14个独立案例，每一个案列均可成为一个独立的研究活动。14个案例排序是从学校场景出发，到家庭场景，再到城市场景。

2.本书以生活为原点。本书写作的目的是让读者学会从生活中来，到生活中去。在书中，节能环保案例都是来源于社会、家庭、学校里学生的生活经验，最后通过研究，又为生活增添一抹阳光。

3.引导读者绘制流程图。现代社会中培养孩子们的逻辑思维能力愈发重要，如果他们能在科学理论的指导下，合理制定研究线路并用合适的形式表达更是难能可贵。在书中，我们基本做到了14个研究流程图不重样，目的是为大家提供丰富的案例，引导大家拿起笔设计一个符合逻辑又独一无二的流程图。

4.培养读者的迁移意识。14个案例对于节能环保这项重任来说，能参考的地方是有限的，生活中还有无数个为什么等待我们去探索和发现。我们只是扔出了一粒沙子，希望看到更多的玉石涌现。

总之，我们希望本书能够给对节能环保有兴趣的同学和老师提供一些思路，大家一起投身到关注环境、保护地球的事业中，同时提升科学研究和实践能力。我们仍将不忘初心，坚持北师大实验中学的优良传统，将科学实践活动延续下去，让"小能"们走得更远、飞得更高。

本书所有编作者都是北师大实验中学的一线教师，也是北京市中学生金鹏科技团地球与环境分团的指导老师；插图绘制者为2025届、2022届中学生。

《我的能源探索之旅》主创团队

2022年12月23日

目录 contents

学校场景

01	能源变身调查	1
02	空调变变变	13
03	绿色灯杆计划	20
04	屋顶的菜园和发电站	26
05	校园零塑日	33

家庭场景

06	厨余垃圾的"蜕变之旅"调查	42
07	小小低碳出行规划师	52
08	算算吃掉的"碳足迹"	63
09	灶台节能妙招多	73
10	快乐递到家的"垃圾"	83
11	汽车后备箱的节能奥秘	94

社会场景

12	你真的需要餐桌布吗	105
13	给城市外墙披上"绿毛毯"	118
14	北京冬奥会节能技术初实践	128

番外篇 138

能源变身调查

 **推开那扇窗**

期待的假期终于到了！大源老师在放假前提倡，"我们在读万卷书的同时，也要注重行万里路。多出去走走，领略祖国的大好河山。"小能和家人商量决定去三峡游玩。这是旅程的第一站——三峡大坝。

看到宏伟壮观的三峡大坝，小能在赞叹之余，也产生了一些疑问。

地理课上学习过三峡大坝可以防洪，还可以发电，但是修一个大坝怎么就能发电了呢？
在自然界中还有哪些资源可以用来发电呢？
除了电能以外，自然界中还有哪些能源可以利用呢？

小能把这些问题说给了爸爸听，爸爸说，等回家我们一起去学习。

翻开那本书

回到家中，小能用电脑在网络上搜索关于三峡大坝的发电情况。在中华人民共和国水利部的官方网站上，小能搜索到有关三峡工程的信息，其中每年发布的《三峡工程公报》对三峡的建设和利用情况进行了全面的介绍。

资料卡

2020年三峡工程公报：2020年三峡工程年发电量共计1118亿千瓦时，创造了单座水电站年发电量世界纪录。2003—2020年，三峡电站累计发电量为13991.93亿千瓦时，有效缓解了华中、华东地区及广东省的用电紧张局面。至2020年底，三峡电站发出的优质清洁电力能源相当于节约标准煤4.44亿吨，减少二氧化碳排放12.08亿吨，节能减排效益显著。

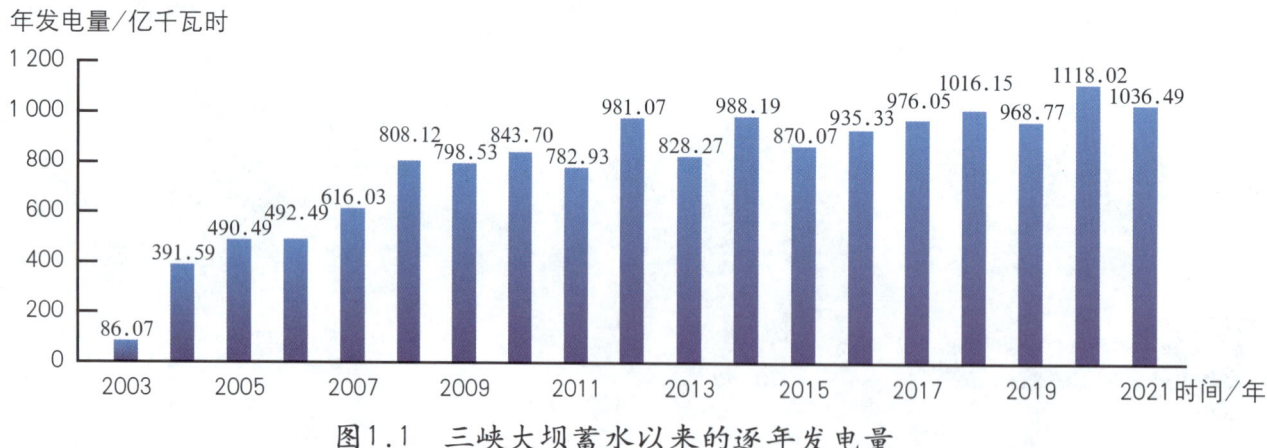

图1.1 三峡大坝蓄水以来的逐年发电量

通过查找资料小能发现，利用大自然中的水发电真是个好办法！只要河流不断地流淌，就有可能产生源源不断的电能。但是小能之前的疑问还是没能解决，于是小能找到了大源老师。

小能： 老师，假期我去看了三峡大坝，真是太宏伟了！我还了解了一些三峡大坝用水发电的情况。既然水可以产生能量，那大自然中还有哪些物质可以产生能量呢？

大源老师： 自然界中可以产生能量的物质确实还有很多，你可以和同学们一起进行一个调查，通过自己的调查进行更深入的了解。

 绘出那幅图

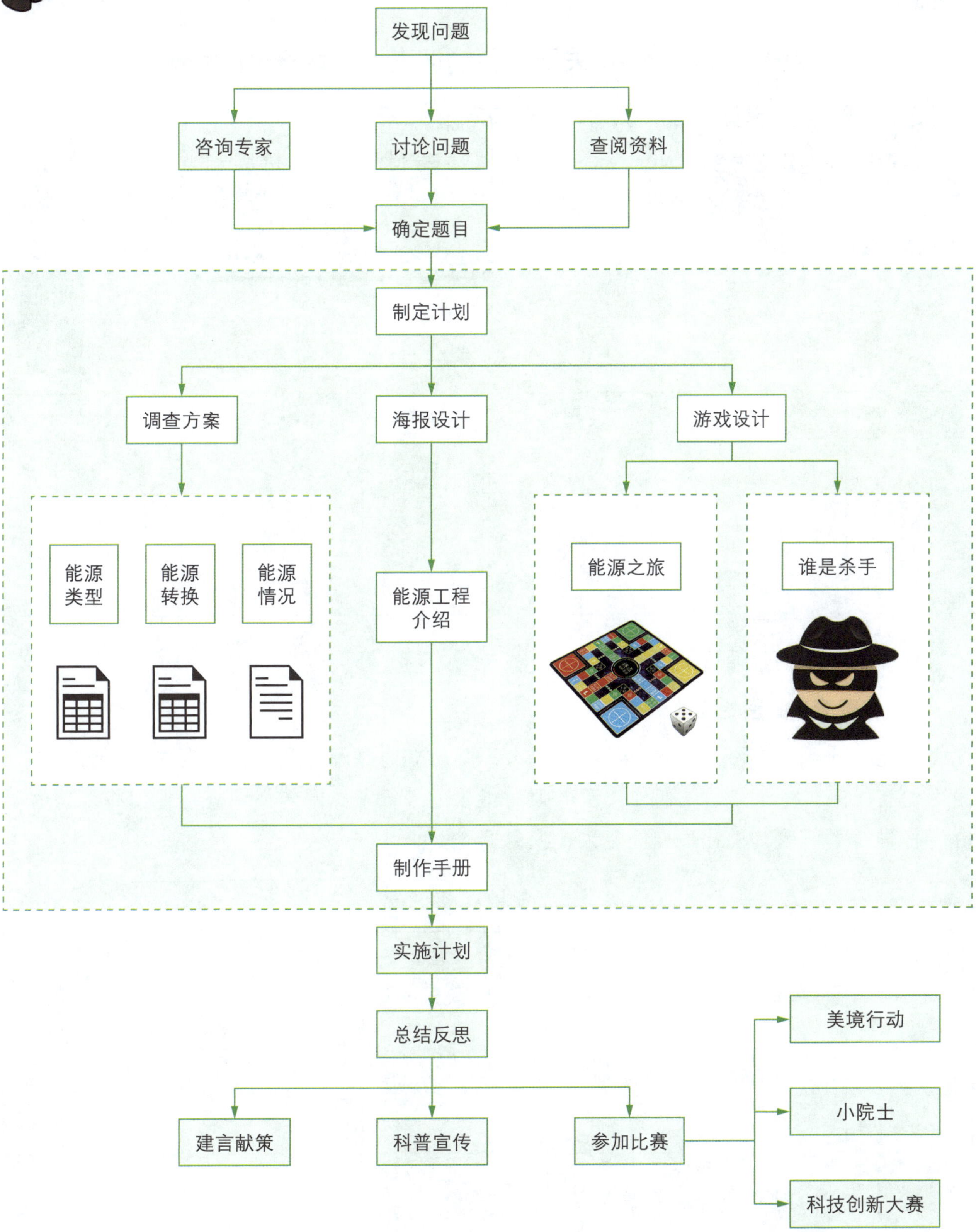

图1.2 "能源变身调查"活动流程图

关于能源的调查

> **步骤1：能源类型的调查。**

第一，调查能源分类方法；

第二，依据不同的分类方法，设计能源调查记录表；

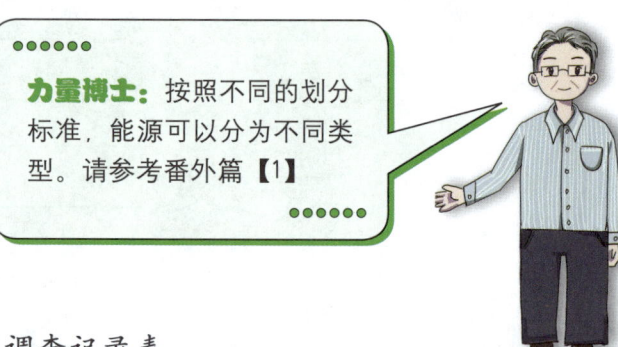

力量博士： 按照不同的划分标准，能源可以分为不同类型。请参考番外篇【1】

表1.1 能源调查记录表

能源名称	简介	图	分类	优点	缺点

第三，将调查结果填入表中，并比较能源的不同之处。

> **步骤2：能源转换的调查。**

小能和同学们在调查能源分类时发现，不是所有的能源都是直接来自自然界的，有些是经过转换来的。于是，他们在大源老师的指导下进行了能源转换调查。他们将之前的调查表格进行了修改，设计了一份能源转换的调查表。

表1.2 能源转换调查表

初始能源	转换后的能源	原理	转换效率	优点	缺点

> **步骤3：城市能源情况调查。**

第一，在官网或大型新闻网站获取各类能源空间分布图及相关统计数据；

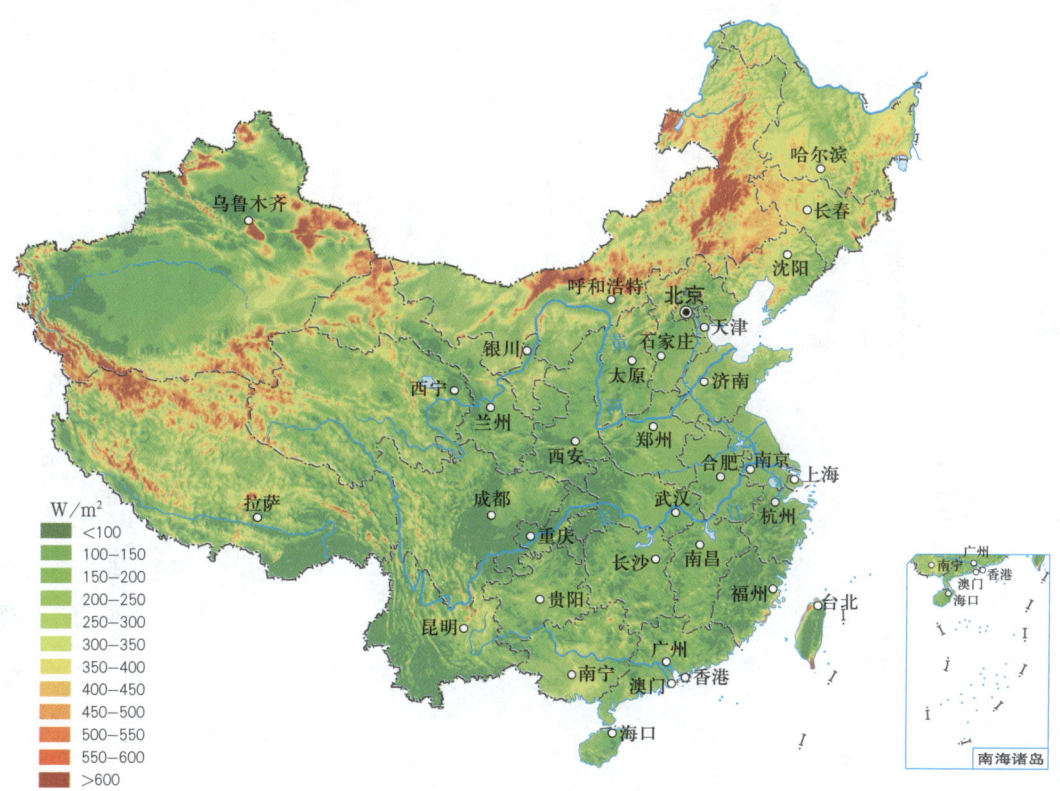

图1.3 全国70米高度层年平均风功率密度分布图

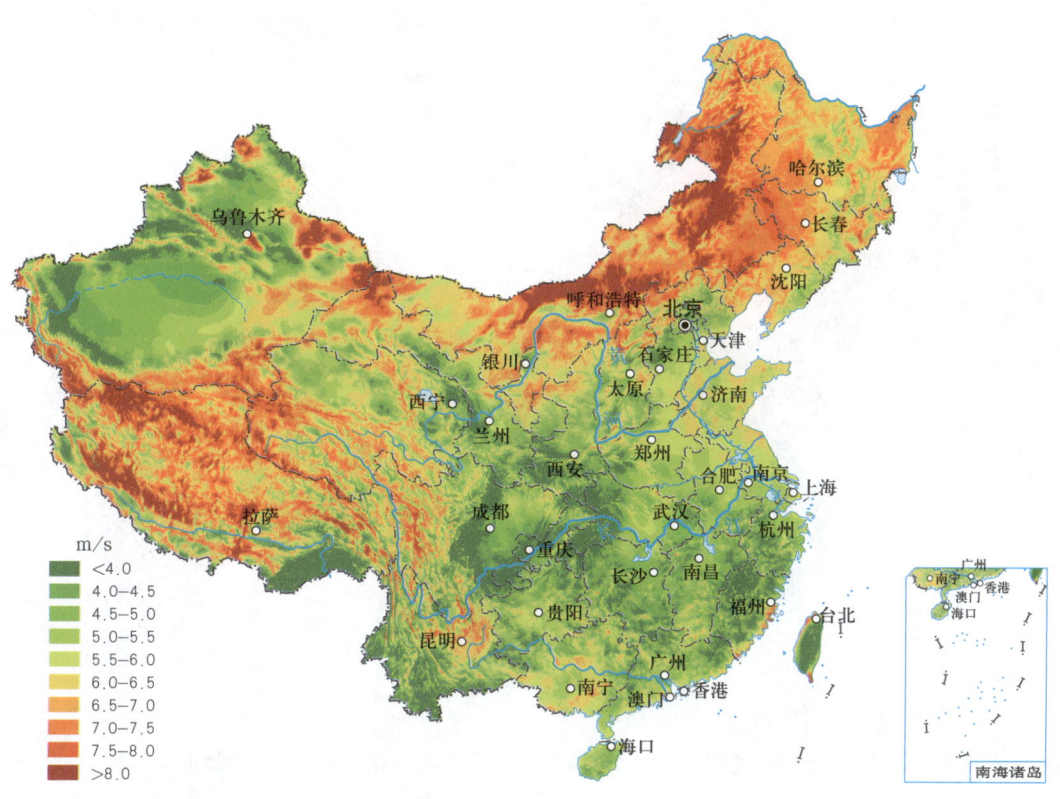

图1.4 全国100米高度层年平均风速分布图

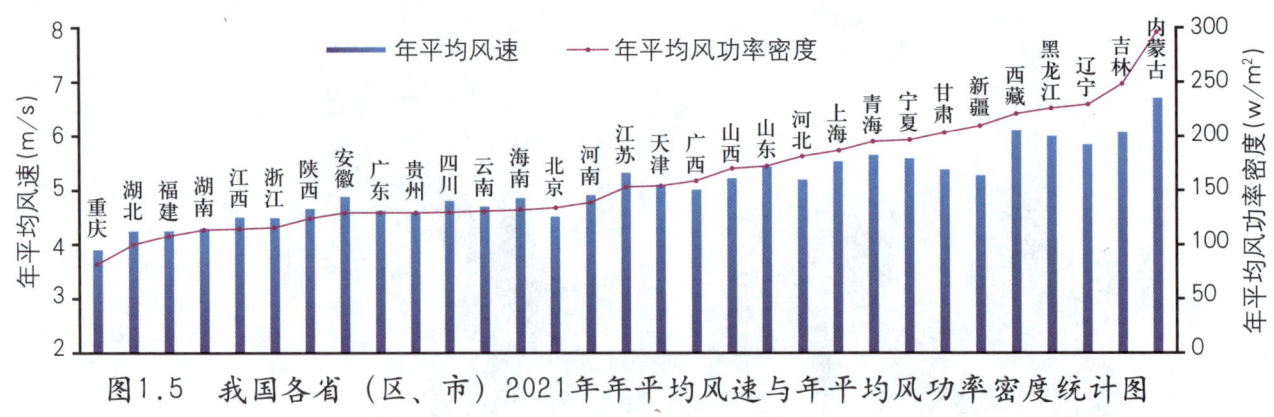

图1.5 我国各省（区、市）2021年年平均风速与年平均风功率密度统计图

2021年，各省（区、市）70米高度年平均风速在3.9m/s-6.7m/s之间（图1.5），有16个省（区、市）年平均风速超过5.0m/s，其中黑龙江、吉林、西藏、内蒙古4个省（区、市）年平均风速超过6.0m/s。各省（区、市）70米高度年平均风功率密度在81.5W/m²-295.6W/m²之间（图1.5），有16个省（区、市）年平均风功率密度超过150 W/m²，其中甘肃、新疆、西藏、黑龙江、辽宁、吉林、内蒙古7个省（区、市）年平均风功率密度超过 200W/m²。[2]

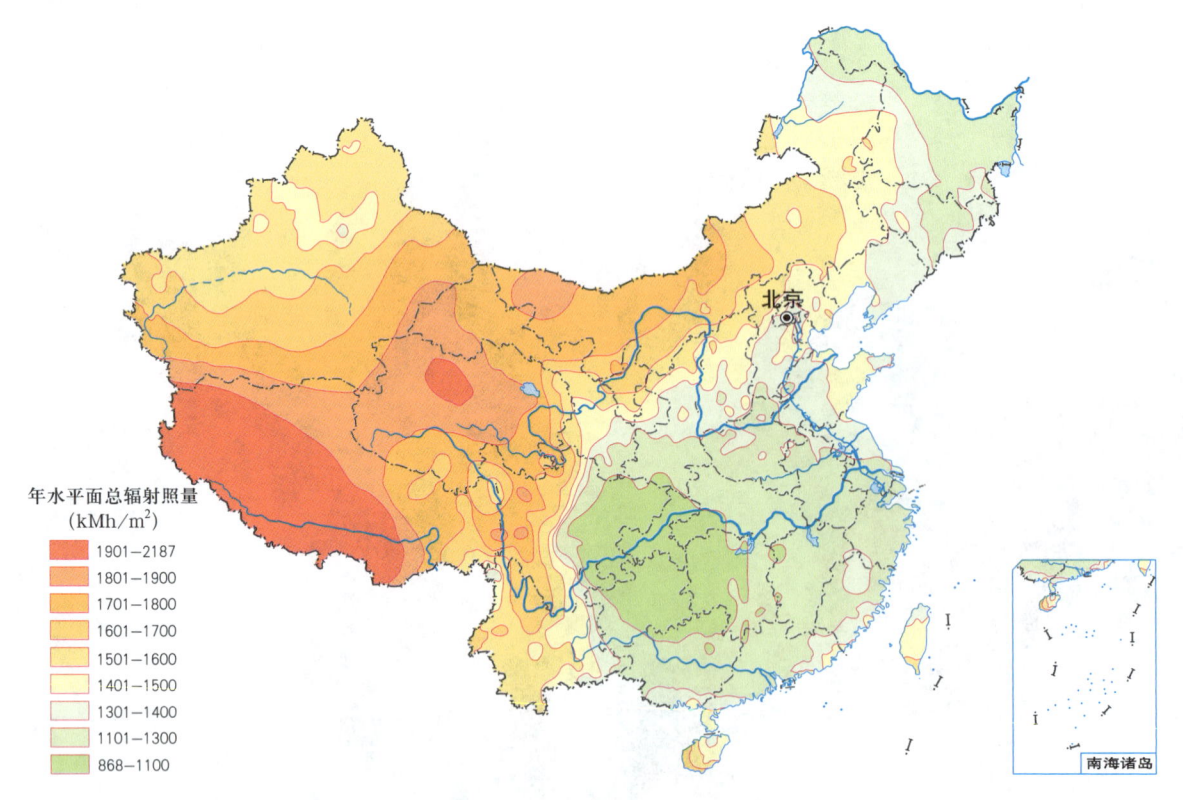

图1.6 我国全年水平面总辐射照量分布图

从图1.6可以看出，西藏大部、四川西部、内蒙古西部、青海西北部等地的局部地区年水平面总辐照量超过1750kWh/m²，太阳能资源最丰富；新疆大部、内蒙古中部和西部、

山西北部、河北北部、西藏东部、云南大部、福建南部、广东东部、海南大部等地年水平面总辐照量为1400kWh/m²—1750kWh/m²，太阳能资源很丰富；四川东部、重庆、贵州中北部、湖南西北部及湖北西南部地区不足1050kWh/m²，为太阳能资源一般区。

第二，在各类分布图上标注自己所在城市的大体位置，比较自己城市的能源分布状况；

第三，在城市公共网站上查找资料，了解自己所在城市的能源利用状况，并与能源分布进行对比；

第四，设计调查表，并将调查结果填表总结。

表1.3 城市能源分布及利用调查表

能源分布及利用调查记录表	
调查城市：	调查方法：
内容	
一、被调查城市拥有的能源类型	
二、不同能源量的大小	
三、能源转换及使用情况 ……	
调查人：	调查时间：

> 学校场景 ▶

以"我是导游——我国能源转换工程介绍"为主题设计制作海报

小能： 老师，我发现我国除了三峡大坝还有很多能源转换工程。

大源老师： 对，还有新疆达坂城风力发电站、格尔木鲁能新能源工业旅游区、浙江秀洲国家高新区光伏小镇等等。我希望你们多去了解我国能源转换相关的大型工程或者基地，并把自己当作小导游，为其他人讲解相关知识和背景，展示我们国家的能源力量，让更多的人了解中国能源建设。

小能： 好啊，那我们就将这些知识以海报的形式向同学们宣传，您看可以吗？

大源老师： 当然可以了，制作海报时要注意图文并茂、清晰明了。为了增加趣味性，吸引更多的同学关注，你们也可以尝试用游戏的形式，让大家在欢乐的游戏中了解知识。

"能源之旅"和"谁是能源杀手"游戏设计

【"能源之旅"飞行棋制作】

 **步骤1：** 讨论"事件"和"问题"的内容，并记录。

表1.4 "事件"和"问题"统计表

事件（说明：浪费能源后退，节约能源前进，根据能源消耗/节约大小设置格数）	
后退事件	前进事件
1、从不乘公共交通，浪费能源，后退2格 2、空调开得过低，浪费能源，后退1格 3、……	1、随手关灯，节约能源，前进1格 2、研究出多功能智慧路灯，节约能源，前进3格 3、参与校园零塑日，节约能源，前进2格 4、……
问题（说明：根据宣传知识进行设计，与能源相关即可）	
1、说出一个将水能转换为电能的工程。 2、青藏高原什么能源丰富？	

3、说出3种一次能源。

……

>> 步骤2：设置事件点。

学生通过抽取事件卡来决定发生什么事件，比如抽到"从不乘公共交通，浪费能源，后退2格"或者"随手关灯，节约能源，前进1格"。

>> 步骤3：设置问题点。

抽取问题回答，要是答对前进2格，答错后退2格。比一比谁先回到起始点攒够能源。

>> 步骤4：设置奖励点。

图1.7 游戏路线图

将我们调查得到的能源转换工程标注在其所在地点，玩家到达此处可以获得大量的能源。比如玩家到达三峡大坝，水能转化为电能，获得大量能源，前进5格。

>> 步骤5：以中国地图为背景，绘制游戏路线图。（见图1.7）

从同学们的家乡出发最后回到家乡，基于这个路线图，进行奖励点、事件点和问题点的设置。

>> 步骤6：制定游戏规则。

可以将飞行棋的路线设置为每个省区一个点，四个人从同一地点出发，投骰子前进。

【"谁是能源杀手"游戏设计】

小能：最近同学们爱玩一个叫作"谁是杀手"的游戏，太有趣了。不如咱们就以"谁是能源杀手"为题设计游戏。人群中藏着能源杀手，大家想办法把他找出来，怎么样？

>> 步骤1：设计玩家身份。（见表1.5）

>> 步骤2：设计身份牌替代扑克牌。

步骤3：设计游戏流程。

表1.5　游戏玩家身份说明

	♠A	♠J	♠2　♠3
身份	电能杀手：A	能源守护者：J 代表50度电	平民电能：2、3 代表20、30度电
介绍	浪费能源的恶劣分子，夜晚会偷偷消耗大量电能，导致电能无意义"死亡"。	电能中的精英，工作于节能局。提倡节能，发誓要揪出所有浪费能源的人。	他们有的来自风国，有的来自太阳国，有的来自水国。历尽千辛万苦成为电能，希望能大展拳脚，不要被白白浪费。

第一，游戏一开始大家抽取自己的身份；

第二，主持人说"天黑请闭眼"，大家都闭上眼睛；

第三，主持人说"杀手请睁眼"。电能杀手睁眼，确定今晚要"消耗"的电能；

第四，主持人说"杀手请闭眼，守护者请睁眼"。能源守护者睁眼，验证一人是否是电能杀手。

第五，主持人说"守护者请闭眼，天亮了"，天亮后大家睁开眼睛，主持人宣布被"消耗殆尽"的电能，大家依次发言，推测电能杀手。

步骤4：确定游戏规则。

第一，胜利条件："死亡"的电能（包括被"杀"和被误投的电能）总数达到100度电，电能杀手胜利；平民电能和能源守护者找出所有电能杀手即为胜利。能源守护者拥有的电能点数非常多，所以要在为大家提供信息的同时，保护好自己的身份；

第二，参加人数：根据现场人数调整各种身份的人数比例；

第三，确定平民电能所代表的点数和电能杀手取得胜利所需要的点数。

【制作能源手册】

将所有调查成果装订成册,可以放入地理教室、学校宣传栏等进行展示,供同学们学习交流。

注意:设计封面,增加目录、页码等内容。

 **说出那故事**

小能: 回顾我们的调查过程,我们从最初对能源的一知半解,一步步地调查到逐渐了解、整理出了能源的资料,还能够担当导游独立介绍一个能源工程的情况,并设计了有趣的游戏,最后将成果整理成册,让更多的人了解我国的能源力量。我们真是太厉害了。

大源老师: 所以说看似困难的事情,只要踏实地一步步做,总能有所收获。

小能: 在调查过程中,我发现大自然真是厉害,风、水、地、光等都能够源源不断地产生能量,所以说我们要敬畏自然、保护自然。同时,我发现我们人类也真是厉害,在那么宽的江河中建造大坝,利用水力发电。人类运用智慧能够改造自然,利用自然。

大源老师: 所以说人与自然要和谐相处,这才是长远的发展之道。

 **跨过那座山**

小能: 通过这次活动,我知道能源类型是多种多样的,我怎么才能知道一个地区使用什么能源比较合适呢?

大源老师: 能源的使用类型需要根据该地区的具体情况及能源分布的情况决定。你们在调查中看到了,我国青藏地区太阳能丰富,所以太阳能在这个地区使用比较普遍,另外西藏牧区在使用太阳能的同时,也注重利用生物的粪便,如牦牛粪当燃料。从世界角度看,俄罗斯拥有丰富的煤、石油、天然气等资源,其能源十分丰富。而日本国土面积小,能源紧缺,因此日本人很注重节约能源和能源的重复利用,有的农场使用炸天妇罗的油当拖拉机的燃料,农场处处是炸天妇罗的味道。再如冰岛地热能十分丰富,因此使用地热更普遍,而且冰岛人使用电冰箱与我们这些地区使用电冰箱的出发点也不同,由于当地气温过低,会使食物冻伤,

▶ 学校场景

因此冰岛的冰箱并不是保冷而是"保暖"的。

小能： 我知道了，在分析问题时要注意各区域的特点及区域间的差异，做到具体问题具体分析。

 献出那份爱

大源老师： 每年的 3 月 28 日是世界能源日，我希望你们当天可以在校园和社区进行宣传，也可以让大家参与你们的"能源之旅"和"谁是能源杀手"游戏，让更多的人了解关于能源的知识，同时提高节能意识。

小能： 好呀，希望大家在听完我们的讲解、做完游戏以后，能够产生兴趣，主动去一些能源工程的现场看一看，亲身观察并体验。

大源老师： 在告诉大家能源来之不易的同时，也可以与听众进行讨论，征集大家的节能好方法，最后进行总结，作为附录补充进我们的能源手册中。

参考文献：

[1] 中华人民共和国水利部. 2021 三峡工程公报 [EB/OL]. (2022-11-3). [2023-4-16].

[2] 中国气象局. 2021 年中国风能太阳能资源年景公报 [EB/OL]. (2022-4-28). [2023-4-16].

空调变变变

 **推开那扇窗**

今天上地理课时，小能班第三次因为空调温度的设定发生了争执。第一次在早读，教室空调设在25℃，有的同学骑自行车上学时出了一身汗，嫌空调温度不够低，强烈要求调低温度；有的同学感冒了，因怕冷不肯调低温度。第二次是体育课后，很多同学衣服湿透了，不希望班里开空调，但有的同学又很热，希望赶紧开空调。这次，争执第三次重演，有同学觉得温度过低，教室太冷；有同学觉得空调直接对着人吹，肩膀疼，头疼，后背也特别不舒服；还有同学身体比较健壮，怕热；另有同学提出，空调不能总开着，不仅费电，而且开空调的屋子里空气不流通，对身体也不太好……

根据同学们面临的问题，小能向大源老师提出，想找几个同学一起做关于"学校空调使用"方面的小研究，看能不能找到解决这些问题的办法。

学校场景

教室内的空调到底应该怎样摆放更合理呢?

空调怎样使用才能让每位同学都享受到清凉的同时又不受其干扰呢?

空调怎样利用才可以更节能环保呢?

有什么办法可以让我们的校园用电变得更加绿色节能呢?

翻开那本书

小能首先在网上进行了资料的搜索,输入的关键词有"空调使用方法""校园空调的使用""吹空调可能带来什么身体不适"等等。通过查阅资料,小能了解到:学校要求,夏季室内温度在30℃以上时可以使用空调,并应将空调温度设在25℃以上。这主要是考虑了人体健康和节能这两个因素。

资料卡

★ 空调温度与实际室温差异越大,其耗电量就越高。另外如果夏季空调温度过低,室内外温差过大,超过人体对温度的调节能力,人体会产生不适感。长时间吹空调会使汗毛孔突然张开、突然闭合,排汗功能减弱甚至丧失,而出汗减少后,体内的废物排泄困难而引起相关的疾病;还会增加呼吸道感染的可能;诱发风湿等免疫系统疾病,使人体出现阵发性的关节红、肿、热、痛,甚至会出现关节变形等症状。

★ 设计空调器安装位置的时候,首先要避免空调直接对着人吹;其次要考虑室内的冷热空气循环,空调一般安装在房间的高处,这样从其中吹出的"较重"冷空气容易向下方沉积,相对较"轻"的热空气"漂浮"在房间上方,这样更容易被"吸"进空调器的换热器中;第三,空调一般安装在靠近楼体中部的墙上,这样可以尽量避免太阳辐射对空调制冷的影响。

小能向同学们介绍了查找的资料,并提出:为了保证房间制冷效果,空调一般安放在高处;另外,我们可以将空调温度设置在26℃左右,放学前大约20分钟关闭空调。

同学A: 有一年,我去国外旅行时发现,那里的宾馆将空调安装在窗户下的地面上,和我们暖气的位置差不多,这是为什么?

同学B: 我认为,我们学校在空调的使用上确实存在着能源浪费。比如,放学后有的班级不关空调，还有的班级空调温度开得太低。我觉得应该让同学们通过实地访查的形式来了解学校不同班级空调及电能使用中存在的问题，并拍照记录。

大源老师： 同学们不仅关注了日常生活和同学们的学习环境，同时也关注了节能环保这样的大问题，我必须为同学们点赞。那接下来我们就一起思考如何解决这些问题吧。

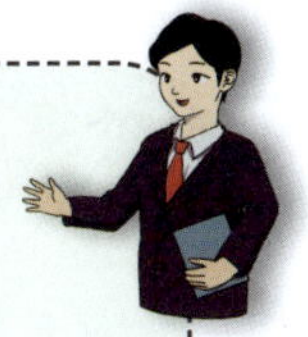

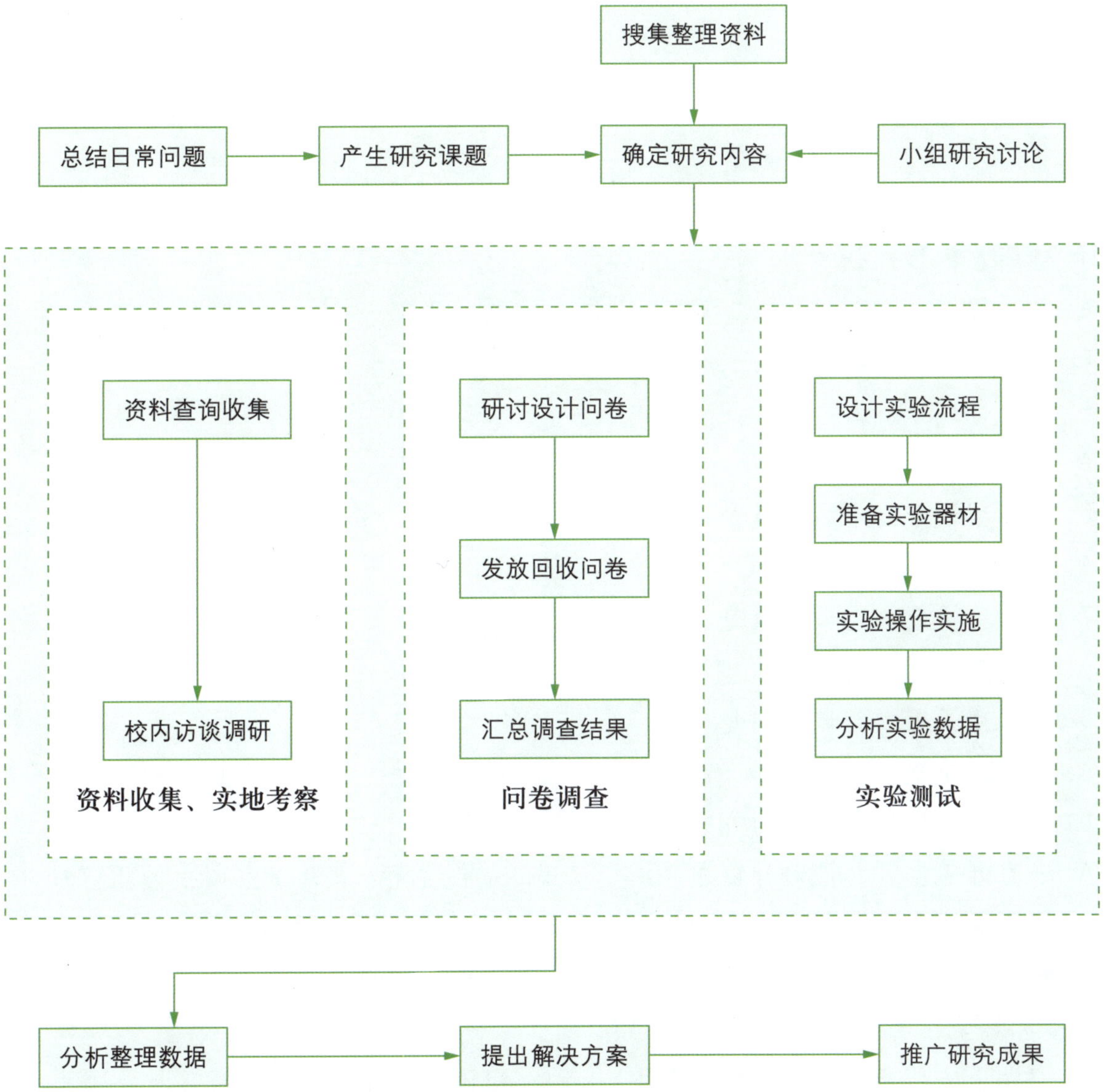

图2.1 "空调摆放"活动流程图

> 学校场景

空调使用情况调查

● 步骤1：设计调查问卷。

1. 你的身份是

A. 教师　　　　　　B. 学生

如果你是教师，请从第2题开始回答；如果你是学生，请直接从第4题开始回答。

2. 你的年龄是

A. 30岁以下　　　　B. 30–40岁　　　　C. 40–50岁

D. 50–60岁　　　　E. 60岁以上

3. 你的性别

A. 男　　　　　　　B. 女

如果你是学生，请回答4–5题。

4. 你所在的级部是

A. 初一级部　　　B. 初二级部　　　C. 初三级部　　　D. 高一级部

E. 高二级部　　　F. 高三级部

5. 你的性别是

A. 男　　　　　　　B. 女

6. 你希望设置的空调温度是

A. 27℃　　　　　B. 25℃　　　　C. 23℃　　　　D. 17℃

7. 你希望设置的空调风量是

A. 小　　　　　　B. 中　　　　　C. 大

8. 你希望设置的空调风向是

A. 固定水平吹　　B. 固定斜下方吹　　C. 左右摆动　　D. 上下摆动

9. 你认为合理的开空调的方式是

A. 一直开着空调，同时开窗通风　　　B. 从早到晚一直开着空调，关闭窗户

C. 课间操或者中午教室内人员较少时关闭空调，适当开窗通风

D. 放学前半小时提前关闭空调

10. 你想坐在班级什么位置

A. 空调下方　　　B. 空调正对面　　C. 空调斜对面　　D. 离空调最远处

11. 关于空调使用，你还有哪些建议？_____

>>> 步骤2：发放并回收调查问卷。

班级同学以小组为单位，在校园内发放并回收问卷。

>>> 步骤3：分析统计问卷。

>>> 步骤4：调查学校空调使用中的问题并拍照或者视频记录。

班级同学分为不同小组，在全校范围内，分区域调查空调使用过程中存在的能源浪费现象。

>>> 步骤5：结合问卷统计和使用问题调查提出解决措施。

大源老师： 调查走访可以获取第一手资料，为我们解决问题提供依据。另外，大家还可以通过对比实验的方式，来看看将空调安装在窗户上方和窗户下方这两种方式对室内降温的影响。当然，我们不太可能真正将空调安装在地上。但可以采用小型空调扇做模拟实验，模拟不同空调安装位置对室内温度的影响。在设计实验的时候，你们一定要注意控制其他变量不变，仅仅研究安装高度对室内降温的影响，还应该简单记录一下针对这些现象你们给出的建议以及给出这些建议的理由。

不同的空调安装方式对室内降温效果产生影响的实验研究

实验目的：通过调整空调扇的摆放高度来模拟不同的空调安装方式对室内温度的变化所产生的影响

实验器材：空调扇，水银温度计，手机或者手表等计时工具

实验过程：

>>> 步骤1：测量室内温度。

选择某一个气温超过30℃、天气炎热的中午，在一间教室内，关闭所有的门窗，在教室的四个角落大约1米的高度上放置四支水银温度计，测量室内的温度。

>>> 步骤2：设计观察记录所用表格。

表2.1 观察记录表

空调扇位置	温度计位置	初始温度（℃）	室温降低温度（℃）所用时间（分）						
			1	2	3	4	5	6	室温25
地面	①								
	②								

	③								
	④								
地面上2米高台	①								
	②								
	③								
	④								

> **步骤3：观察记录空调扇降温所用时间。**

第一，摆放并设定空调扇模式。

将空调扇放置在教室后面靠中间位置的地面上，将空调扇温度设置在25℃，空调扇使用中间风速、水平吹送的模式。

第二，观察记录空调扇降温所用的时间。

记录四支温度计示数每下降1℃所用的时间，直到四支温度计的示数均和空调扇设置的温度相同，记录不同温度计达到空调扇设置温度的总用时。

> **步骤4：调高空调扇的位置，重复观察并记录相同的数据。**

第一，同样选择某一天中气温超过30℃的天气炎热的时间，在同一间教室内，同样的位置上摆放四支水银温度计，设置空调扇保持和上次一样的温度、风速、方向模式。

第二，将空调扇放置在距离地面2米的稳定平台上，记录四支温度计示数每下降1℃所用的时间，直到四支温度计的示数均和空调扇设置的温度相同，记录不同温度计达到空调扇设置温度的总用时。

> **步骤5：对比两组观察数据，分析空调扇安装高度的不同对降温效果的影响。**

在经过同学们认真的资料查阅、问卷调查分析、实地调查研究和对比实验后，大家对于校园空调的使用有了更深的了解。

同学A： 现在同学们的空调使用知识还存在着很多误区，有些同学只图一时的痛快，忽视了不正确使用空调的危害，我们有必要宣传一下我们了解到的知识。

同学B： 现在学校的空调使用中存在浪费能源现象，我们应该多宣传，提高同学们的节能意识；另外，也可以建议学校统一设置空调使用时间，加强管理。

有的同学通过研究，明白了一个道理，即当遇到和自己想法不一致的情况时，不要急于否定别人，而应该认真思考研究，验证这个想法是否真的不合理。当小能听说日本的旅馆将空调安放在地面附近时，他的第一反应就是不科学、不可能，通过对比实验小能知道了其中的道理。其实，这种安装方式一般是窗机空调较常见，这种空调在我国已很少使用了。

小能： 在没有空调的古代，人们使用凉扇和竹席、洗温水澡等达到降温的目的。在科技发展的今天，我们可以将现代科技和传统智慧结合起来，实现人地协调和可持续发展。

跨过那座山

小能： 我了解到位于北京市西城区的冰窖口胡同曾经是皇家的冰窖，20世纪60年代那里的冰厂师傅们在寒冷的冬季到积水潭或太平湖取冰，运到这里放至储冰坑中，等到天气炎热之时，将存冰取出供应给市场。冬季利用天然冰箱把水冻成冰，然后把冰块储存起来，等到炎热的夏季再去使用，这真是太聪明了！那我们能不能让这个做法更加现代化，将它和空调结合起来，利用冰来给空气降温，从而节约使用空调消耗的能源呢？

大源老师： 那我们一起讨论讨论，哪些地区可以实现这样的设想？怎样保持比较稳定的制冷效果？同时看看能不能用环境地图的形式来表达你们的设想？

绿色灯杆计划

推开那扇窗

晚自习结束后，同学们涌出教学楼，操场旁一排笔直的校园路灯照亮了操场的一侧，灯下人群密集。小能和同学来到操场准备打球。

> **小能：** 咱们打到几点回家？
>
> **同学：** 九点半就熄灯静校了。保安大哥会检查教学楼教室，路灯应该是彻夜点亮的。
>
> **小能：** 路灯每天彻夜亮，需要耗费多少电力呀！咱们学校用电是来自哪种能源转化呢？
>
> **同学：** 我猜应该是火电吧！这个可以查一查。
>
> **小能：** 火力发电过程中应该会产生污染的，现在有些地方都用太阳能发电技术了，不知这种发电方式能不能满足咱们学校的用电需求呢？

我国和北京的发电方式有哪些？

我们校园的路灯是利用什么能源发电的？

校园路灯会彻夜点亮吗？有什么办法避免这样的能源浪费呢？

利用风、太阳光发电供应我们的校园路灯可以吗？

回到家，小能在搜索引擎中输入"中国发电方式""北京用电量"等关键词进行搜索，在搜索结果中看到很多专业的表达方式，这使小能逐渐规范了自己的搜索关键词。小能也从各个网页援引的数据信息中发现，我国能源局会发布准确可靠的专业官方数据，数据中包括了全国风能和太阳能发电量。

力量博士：能源概念、分类方法和国家能源局数据见番外篇【2】—【4】。

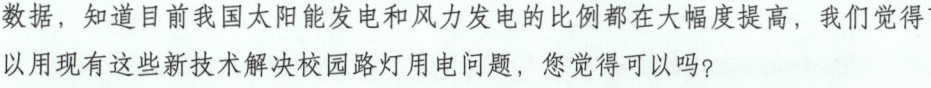

小能： 大源老师，我和同学觉得校园路灯彻夜亮可能比较费电，我们查找了全国数据，知道目前我国太阳能发电和风力发电的比例都在大幅度提高，我们觉得可以用现有这些新技术解决校园路灯用电问题，您觉得可以吗？

大源老师： 你们的想法挺好呀！你们调查过咱们学校每年用多少电吗？

小能： 我们去学校的有关部门调查过了。另外，我们也查过资料，煤炭一方面在保障我国能源安全的同时，其生产和消费过程中会释放出大量二氧化碳，还会产生水污染、固体废弃物污染，采矿过程中还可能造成地表坍塌等问题。所以在校园中使用新能源也是为改善能源使用结构，减少污染出一点力。

大源老师： 那你们想用哪种新能源来发电呢？这是接下来你们要解决的关键问题。你们可以结合北京地区和校园的实际情况，在众多新能源中选取适合于北京校园使用的新能源，并设计合适可行的新能源应用场景。

小能： 好的，老师，我们马上去调查。

学校场景

 绘出那幅图

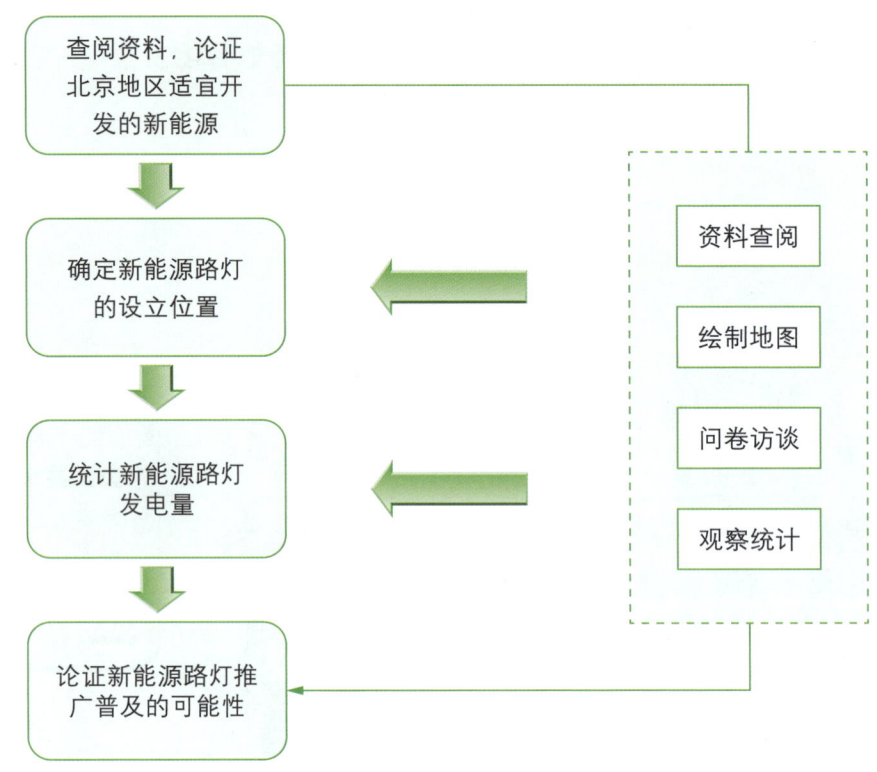

图3.1 "绿色灯杆计划"活动流程图

 迈出那一步

绿色灯杆建设

▶ **步骤1：收集我国和北京的太阳能、风能分布的相关资料。**

第一，在网上或者教科书中搜索"我国太阳辐射总量分布图""风能分布图"；

第二，分析地图，总结我国的太阳能和风能的分布特点；

第三，在图上圈定北京位置，了解北京的太阳能和风能的分布状况。

▶ **步骤2：了解影响太阳能和风能发电的因素及其利用。**

第一，结合所学知识，在老师帮助下了

力量博士：按照不同划分标准，能源可以分为不同类型。请参考番外篇【1】

解影响太阳能和风能发电的因素；

第二，总结北京在利用太阳能、风能发电方面的优势与不足，并与老师进行交流；

大源老师： 北京的太阳能较丰富，风能分布适中，平原地区较山区要少些，目前的新能源技术可以满足开发条件。当然这两种新能源发电方式都存在受天气影响、有季节性的特点，不过正是因为都有这样的特点，二者反而可以在时间上互补。

第三，师生共同探讨保障太阳能和风能为路灯提供相对稳定的能源供给的措施；

小能： 那就是说我们的路灯可以在晴天使用太阳能发电，大风天使用风能发电。在阴天无风的天气，在灯杆旁边的空地安装与灯杆相连接的脚踏车，大家课间的时候或者体育课的时候可以进行脚踏自行车比赛，这样既达到了运动的目的，又可以将动能转化为电能，这可是双赢呀！

第四，师生共同总结校园绿色灯杆建设需要考虑的因素。

建设风光电绿色路灯杆，需要考虑：日照时间长，风力较强，发电效率高；路灯照明需求强烈程度，路灯实用性强；符合学校整体校园规划，不对学校教育教学活动产生干扰；较显眼，宣传效果好。

步骤3：绿色灯杆位置选址。

第一，观察晚间同学经过的流量较大的区域，或在校园内随机采访老师和同学；

第二，绘制校园平面图（见番外篇【6】），并在图上标注照明需求比较强烈的三个地点。

步骤4：获取几个位置的太阳能、风能数据。

第一，网上查阅资料并与老师探讨获取太阳能、风能数据的仪器，并学习使用方法；（见图3.2）

第二，设计记录表；

图3.2 手持风速仪

表3.1 校园太阳能、风能监测记录表

地点	日照时间（小时）	风速1 (m/s)		风速2 (m/s)		风速3 (m/s)		风速4 (m/s)		平均风速 (m/s)
		日期及时间		日期及时间		日期及时间		日期及时间		
1										

2								
3								

第三，分组明确观察要求；

将同学们分成 3 个组，针对调查所得的 3 个位置，选取晴天及多风的日子，3 个位置分别由一组同学记录一天之内三个点位的日照时长，日照时间长的位置更优；利用手持风速仪，在同一时间测量三个点位的风速情况，由于风速具有不稳定性，因此风速的测量需要选择一天以内的不同时间，在不同日期进行多次测量，最后取平均值，风速平均值大的区域更优。

第四，整理数据记录表，综合评估后确定最佳位置。

 **步骤 5：书写建设申请书，提交学校领导审批。**

学校规划是一个复杂的工程，需要校领导反复讨论、反复论证才能决定。如果需要改进设施，需要提交一份改进的建议申请书，详细介绍同学们的想法和需求，展示观察结果，说明项目的可行性。最后不管是否能够落实，一定是学校综合考虑经济、安全等各个方面因素的结果，我们都要尊重。

说出那故事

小能：大源老师，学校同意了我们的方案，最终确定了绿色路灯的安装位置。我们的绿色互动式路灯终于要建起来啦！从最开始的一个想法到最终落地，这个过程真的非常有成就感。

大源老师：恭喜你们！通过这次活动你们可以感受到科学发现和项目研究实施的乐趣。

小能：是的，原来一个想法从生成到实现，需要这么多科学论证、实地观察、沟通讨论等过程。

大源老师：路灯最终的效果如何呢？我们还需要对它的有效使用进行持续性关注。

小能：是的，我们也想到了，为了能够持续关注，我们设计了下面的表格，您看可以吗？

表3.2　校园绿色灯杆发电量调查表

日期	太阳能发电量	风力发电量	脚踏发电量

大源老师： 这个表格已经满足了发电量统计的需求，除此以外，你们还可以在查阅资料的同时进行太阳能、风力发电量影响因素的分析，一举多得。

小能： 好的，我们再完善一下。通过这个活动，同学们对绿色能源的利用有了切身的认识，在日常学习之余，也更关注能源利用的相关问题了。

表3.3　太阳能、风力发电量影响因素监测记录表

日期	太阳能发电量	风力发电量	天气							
			阴晴	气温	湿度	气压	风力	风向	空气质量	距上次下雨天数

注：灯杆上显示有发电量，时间长短自定。

屋顶的菜园和发电站

 **推开那扇窗**

暑假期间,小能跟随父母坐火车回老家,沿途的美丽风景让他目不暇接。突然他看到两边的田野上有一片大棚,大棚上面架着一块块蓝色的板子。

> **小能:** 爸爸,那些蓝色的板子是做什么用的?
> **爸爸:** 那是太阳能光伏板,它可以将太阳光转换为电能。
> **小能:** 那个棚子里应该种的是蔬菜吧?我在地理课上学过,温室大棚可以用来种蔬菜。
> **爸爸:** 对,这就是我们常说的大棚蔬菜。

看着这样的大棚,小能在想:

农作物的生长需要光照,那上面的光伏电板会不会挡住阳光,影响农作物的生长呢?

这种模式农作物产量怎样呢？发电效益又如何呢？

如果可以一边发电一边种蔬菜，还不影响蔬菜的产量，那真是太好了，不知道其他地方有没有这种模式？我们北京有吗？

如果这种模式在北京也有的话，那能不能引入到我们的校园中呢？

看来要想弄清楚这些问题，还有很多事情要做呀！

翻开那本书

资料卡

光伏电板不仅不会影响农作物的光照条件，还能通过发电保障大棚蔬菜过冬。过去冬季时，温室大棚种植果蔬，为御寒增温，菜农常常采取燃煤、安装电暖气等方式，不但需要很高的费用，还对环境造成不利影响。安装光伏发电面板以后，冬季白天通过吸收阳光发电，给大棚内的大铁罐里的水加温；晚上，再通过输水管道把大铁罐里的热水输送到面板，白天发电的面板，晚上就变成了一个大暖气片，给温室大棚增温驱寒。

力量博士： 农光互补的具体定义，请参考番外篇【7】
太阳能光伏电板对农作物的影响，请参考番外篇【8】

小能在网络上搜索"太阳能光伏农业""光伏大棚""太阳能大棚农业"等关键词，了解到这种生产模式叫作农光互补。

通过进一步搜索，小能发现农光互补的模式不仅不会影响农作物产量，选择适当的农作物，还能提高其产量和品质。

那北京有没有发展农光互补的案例呢？能不能将北京已有的案例引入到我们学校呢？小能在网上搜索"北京农光互补""北京农光大棚"等关键词，找到的案例比较少，北京难道不适合发展这种模式吗？带着疑问，小能拨通了大源老师的电话。

小能： 大源老师，我在火车上看到沿途发展农光互补的模式，然后在网上查找了一些资料后，我觉得这种模式真是太好了！

大源老师： 是呀！这是我们农业发展的一种新模式，国家也制定了很多扶持政策，

> 学校场景

农光互补正如雨后春笋般地在全国发展起来。

小能： 可是我搜索发现，北京采用这种模式的案例很少。大源老师，北京能不能发展农光互补？

大源老师： 那你在北京有没有看到大棚蔬菜种植呢？

小能： 有，我见到过。

大源老师： 所以北京发展农光互补的关键就是看太阳能是否充足了。

小能： 我查到了《中国太阳年辐射总量分布图》，看到北京属于太阳能资源比较丰富的地区。

大源老师： 那这就找到了开展农光互补的依据，至少自然条件是允许的。

小能： 如果能够将这种模式引入到学校就好了，可以让同学们直观认识农业和太阳能发电，这些是我们生活在城市的孩子很难接触到的，而且用太阳能发电，还可以解决一点学校的用电，也为节能减排做一点贡献。

大源老师： 学校用地比较紧张，恐怕没有多余的空地来安置太阳能光伏板。

小能： 我在旅行中看到过有居民楼顶安装太阳能热水器的电池板，我们能不能利用学校楼顶呢？

大源老师： 楼顶安装需要考虑很多因素，你可以找几个同学一起搜集资料，做一个方案。

 绘出那幅图

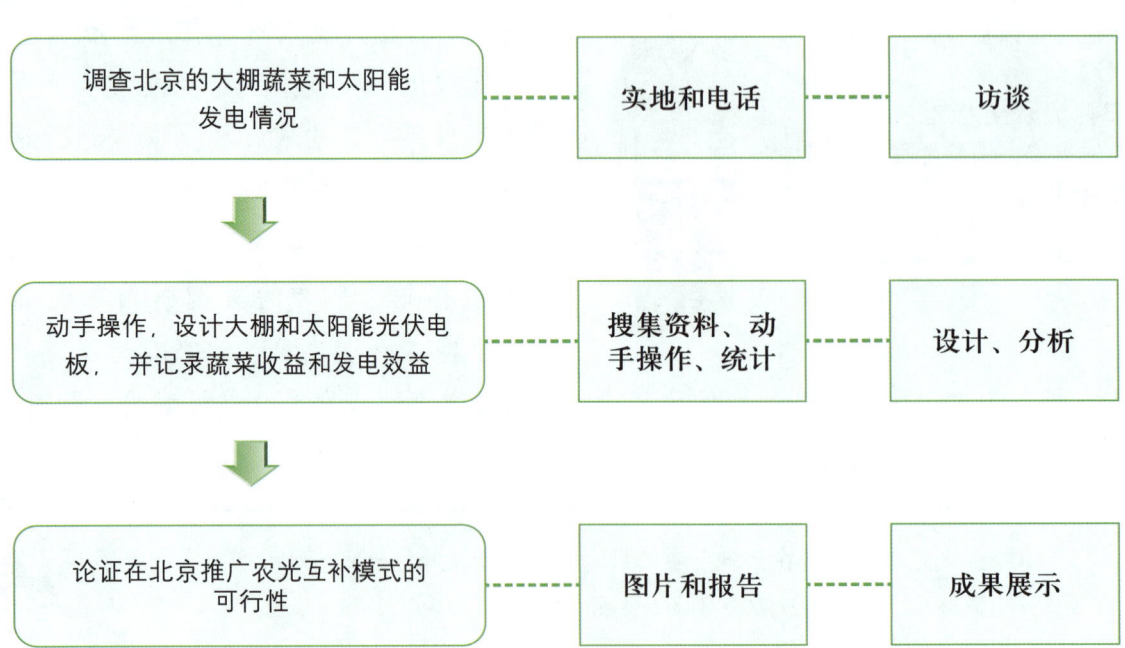

图4.1 "屋顶菜园和太阳能光伏板建设"活动流程图

调查北京市大棚蔬菜和太阳能发电情况

>> 步骤1：设计访谈问卷和调查表。

表4.1　访谈问卷

你所在城市的大棚蔬菜种植情况			
地点		被访谈人	
1. 建蔬菜大棚多久了？多大面积？			
2. 主要种植的蔬菜瓜果有什么？为什么选择种植这些蔬菜瓜果？			
3. 蔬菜瓜果的产量怎么样？与没有大棚的蔬菜瓜果的产量相比较呢？			
4. 大棚生产赚钱吗？管理起来麻烦吗？			
5. 大棚生产有什么问题吗？			

表4.2　调查表

你所在城市的太阳能发电情况			
地点		被访谈人	
1. 建光伏发电多久了？投资多少？			
2. 每年的发电量大约多少？			

步骤2：问卷和调查表的发放和回收处理。

组织班级同学发放问卷和调查表，并回收统计相关的数据。

步骤3：撰写报告。

小能：大源老师，我们调查了北京的一些蔬菜大棚和太阳能光伏发电情况，我们认为理论上在北京建农光互补模式是可行的。我们想要建一个农光互补的场地来实践证明一下，我们已经发现了一块宝地，那就是二龙路校区的楼顶，不知道学校能不能同意？

大源老师：你们需要写个申请报告，把你们的选址、设想和实施方案都写进去。还有，在学校楼顶开展活动，一定要考虑同学们的安全问题，所以同学们也可以写一写关于如何保障安全的措施，当然也要与学校相应的管理措施结合起来。

屋顶菜园和太阳能电池板的建设

步骤1：蔬菜类型的选择。

选择蔬菜前，要了解每种蔬菜的特性，选择喜温、对光照要求不高的蔬菜更合适；其次，因为有大棚，也可以考虑种植反季节蔬菜。

步骤2：设计光伏电板的安装角度。

太阳垂直照射到光伏板上，能量更集中，但在北京一年四季中正午太阳照射的角度都有变化，所以只能让光伏电板角度与太阳光照射角度尽可能垂直，由此获得更大的能量。

力量博士：大棚种植的蔬菜，请参考番外篇【9】

图4.2　太阳能光伏板

小能： 那怎么确定北京的太阳照射角度呢？

大源老师： 北京冬至日正午太阳高度大约是26°34′，夏至日正午太阳高度大约是73°26′，春秋分日正午太阳高度大约是50°。

小能： 那就是说我们在相应的季节适当调整电池板与地面的夹角就可以了。

> 步骤3：农光互补模式的效益调查。

表4.3　蔬菜产量和发电量调查表

时间	蔬菜产量	发电量
一月		
二月		
三月		
四月		
五月		
六月		
七月		
八月		
九月		
十月		
十一月		
十二月		

▮▮▮▮▮ 学校场景 ▶

 **说出那故事**

小能：大源老师，我们的农光互补项目已经做好了，现在我们已经种出了新鲜的蔬菜，用上了太阳能发的电，感觉特别有成就感。我们准备把学校其他没有利用的屋顶也利用起来，让学校更加绿色环保。

大源老师：学校的屋顶是否都适合安装光伏板，还要进行论证。另外，同学们还可以思考怎样能使这样的项目影响更多人。

小能：那我们可以设定校园开放日，欢迎其他学校的老师和同学们来参观，近距离了解我们的项目。还可以通过视频、公众号、社团进一步宣传，扩大我们的影响。

大源老师：这样做很好，希望通过你们的宣传，让社会上更多人能够参与这个项目，了解节能减排、生态发展的理念。

 **跨过那座山**

小能：大源老师，您看我们城市有这么多屋顶，如果所有屋顶都变成太阳能屋顶，那北京就不用再担心雾霾了，出现蓝天的机会也就更多了。但是通过查看资料我知道，目前太阳能的利用存在投资较大和能源储存困难这两个大问题，所以要想普及还有一定难度。

大源老师：我想随着科技的发展，这两个问题如果得到解决，太阳能屋顶就一定会遍布城市的。你们现在要好好学习，希望有一天你们能够用自己所学的知识和你们的智慧来解决这些难题。

校园零塑日

 **推开那扇窗**

小能读到一条新闻"无奈低头,德国取消2035年碳中和目标,欧洲环保政策陷入大倒退",文中说到发达国家的碳中和行动已经由"绅士"变为"莽夫"。而我国在实施碳中和方面的工作,体现出决心大、制度严、措施到位等特点。当然真要落实到位可没那么简单,这需要全社会的积极参与。

在学校小能发现,班级里每天的矿泉水瓶与饮料瓶"泛滥成灾",他在想:

废塑料瓶的处理与碳排放有关系吗?
回收废塑料瓶能有多大的收益呢?
我能不能从"废塑料瓶的回收"入手,为节能减排出一份力呢?

小能将问题与大源老师进行了交流,得到了大源老师的支持。

翻开那本书

小能和大源老师在网上查到了一些关于瓶装水的资料,并做了图进行比较。

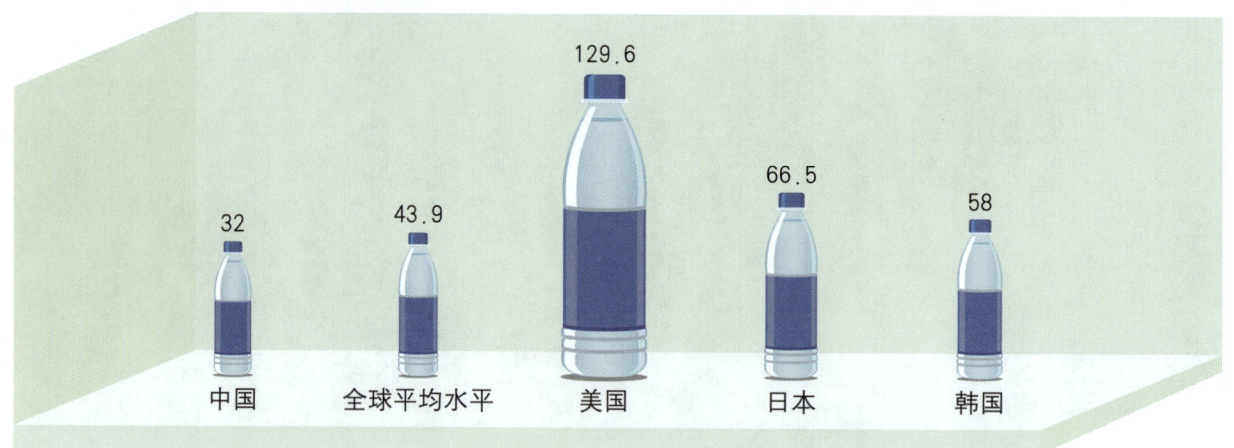

图5.1　2018年部分国家人均瓶装水消费量比较图(单位:升/人)

那么废塑料瓶与碳排放之间又是什么关系呢?

资料卡

★ 截至2019年,中国瓶装水市场规模达到485亿升,2019年总收入1660亿元。针对中国100个城市3万名城市居民的调查显示,喜欢瓶装水的受访者约为51.5%。通过翻阅《气候经济与人类未来》一书和查找资料可知:塑料水瓶在世界范围内非常受欢迎,每分钟销售量大约有100万瓶。

★ PET是制造塑料瓶的一种原材料,生产PET树脂的能源约占500毫升塑料瓶总碳足迹的30%。据非营利研究机构太平洋研究所估计,生产和使用塑料瓶所消耗的能源相当于将塑料瓶装满四分之一的石油。并且塑料瓶是从石油或精炼石油和天然气中提取的树脂制成。碳足迹的大小取决于运输方式和原材料必须运输的距离。估计一瓶500毫升塑料瓶水的总碳足迹等于82.8克的二氧化碳。

小能: 没想到塑料瓶不仅会对环境造成污染,也会对碳排放造成压力!随着中国经济的不断发展,我们国家瓶装水市场还可能继续扩大,到时候一次性塑料瓶有可能阻碍中国的碳中和目标的实现。真希望大家都能有这个危机意识!

   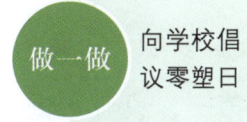

图5.2 "零塑日"活动流程图

废塑料瓶使用调查

>> 步骤1：设计调查问卷。

1. 你知道塑料污染及其对环境的影响吗？
   A. 知道　　　B. 不知道　　　C. 知道，但不了解具体影响
2. 你每周买/用多少个塑料瓶？
   A. 大于10　　B. 7–10　　C. 4–6　　D. 1–3　　E. 0
3. 你知道学校有哪些减少塑料污染的计划吗？
   A. 知道　　　B. 不知道
4. 你看过任何纪录片展示塑料垃圾对环境的影响吗？
   A. 看过　　　B. 没看过　　　C. 不记得
5. 你对减少塑料污染采取过任何行动吗？
   A. 我帮助过很多　　　　　B. 我帮助过一些
   C. 我一点都没帮助过　　　C. 我很想帮助但不知道如何做
6. 你是否了解塑料瓶与碳排放有关？
   A. 比较了解　　B. 一般了解　　C. 不了解

>> 步骤2：发放回收问卷。

第一，组织全班同学到各个班级发放问卷，并号召同学们给自己的亲朋好友发放问卷。也可以考虑使用线上问卷发放的形式，回收更快；

第二，回收并整理统计问卷，聚焦问题所在；

第三，针对问卷中大家对塑料瓶与碳排放的关系不明确等问题，讨论下一步对策。

"零塑日"活动

▶▶ 步骤1：调查学校各班级一周内使用塑料瓶的数量。

第一，设计调查表；

表5.1 学校各班级一周内使用塑料瓶数量的调查表

年级 \ 塑料瓶数量（个）	周一	周二	周三	周四	周五
初一					
……					

第二，组织本班的同学到学校各班级与班主任老师沟通，说明调查意图；

第三，请各班级的班长或者生活委员、卫生委员等协助进行调查；

第四，填写调查表，做好统计工作。

▶▶ 步骤2：制作宣传展板。

第一，与同学们一起将整理的统计数据及相关碳排放的资料汇总；

第二，共同讨论展板内容及形式；

第三，与学校相关部门老师进行沟通，解决展板制作和摆放问题；

第四，制作展板。

展板内容包括：各班级一周使用塑料瓶数量的调查数据；对数据的分析，如有体育大课和体育课的那天，班级购买瓶装水的同学更多，另外夏季相较于冬季可能会更多；将PET瓶数量与碳排放进行换算，即碳排放量＝瓶子数量×82.8（克）；而私家车的碳排放量为：世界上平均1辆车一年的碳排放约为5.21吨，也就是平均1辆车每天的碳排放量约为14.27千克；将PET瓶释放的碳排放与私家车的进行比较：每个班级使用一周的PET瓶释放的碳排放相当于一天之内开出了几辆私家车。

通过展板的宣传，使同学们能够更直观了解瓶装水与碳排放的关系。

▶▶ 步骤3：倡议"零塑日"活动。

第一，与学校领导沟通，说明"零塑日"活动的意义，取得学校的支持；

第二，写好倡议书；

倡议书应包括："零塑日"活动的目的意义，"零塑日"当天同学们具体的做法，如：这一天不携带任何的一次性塑料瓶装水与饮料进校门，自带水杯，在学校的饮水机打水等。

第三，在全校班校会时间发出倡议；

第四，请各班班长统计，"零塑日"这天班级使用PET瓶子的情况。

步骤4：在全校班校会上反馈"零塑日"的成果。

第一，汇总各班"零塑日"班长统计的情况；

第二，对比平常日与"零塑日"PET瓶使用情况；

第三，与碳排放进行换算，特别区分碳酸饮料瓶与矿泉水瓶的差异；

> **资料卡**
>
> 根据美国塑料回收协会（APR）所展示的资料，生产1千克原生PET塑料树脂大约需要排放2.23千克二氧化碳。
>
> 在生产过程中，每生产500毫升的塑料瓶子，最低碳排放量是同尺寸32克矿泉水瓶的排放量，最高碳排放量是同尺寸60克碳酸饮料瓶的排放量。

这一资料为同学们计算不同尺寸不同重量塑料瓶产生的碳排放量提供了方便（见表5.2），例如：某班级在零塑日这天，共使用300ml的碳酸饮料瓶1个、矿泉水瓶3个；500ml的碳酸饮料瓶和矿泉水瓶各5个；1000ml的碳酸饮料瓶2个、矿泉水瓶1个。要计算出某班级在零塑日这天使用PET瓶的碳排放量，可以参照表5.2计算出总的PET塑料树脂的重量：生产原生PET塑料树脂的重量＝（1×18.6+3×13.8+5×27+5×14.5+2×37+1×22）/1000kg，然后再根据APR提供的数据换算碳排放量。

表5.2 不同尺寸塑料瓶的重量

重量（g）		瓶子尺寸（ml）
碳酸饮料瓶	矿泉水瓶	
18.6	13.8	300
27	14.5	500
37	22	1000

第四，通过反馈，再次发出倡议，希望将"零塑日"固定下来。

学校场景

说出那故事

小能： 通过这次"零塑日"的倡议活动，我们不仅自己学习了很多关于塑料制作与碳排放的相关知识，而且还向同学们进行了宣传，大家对日常瓶装水与碳排放建立起了联系，我们觉得组织"零塑日"这个活动还挺有成就感的。

大源老师： 没错，只要我们日常多观察、多思考、多调查，就会发现生活中有很多可以减排的小事，小事积攒多了就成了大事。

小能： 是的，我们在活动中，有同学还给我们提出，"运输塑料、制造矿泉水瓶、运输矿泉水到我们学校的过程是不是也有碳排放，这部分是不是也应该计算一下呢？"看来我们还有很多要研究的内容。

跨过那座山

小能： 大源老师，我们大致估算了一下，如果全校六个年级都能参与到我们的"零塑日"，那咱们学校就相当于减少了几十辆车一天行驶所排出的二氧化碳量！

大源老师： 这非常好，不过你有没有想过，即使我们每周都能有一次"零塑日"，那剩下六天也不可避免地会有PET瓶产生，那这些瓶子有没有好的处理方法呢？给你看两组数据吧！首先我们观察生产原生PET和再生PET的二氧化碳排放对比（见表5.3）。我们可以发现生产同样重量的产品，原生PET比再生PET的二氧化碳排放量要高，你也可以帮老师算一算问号应该填多少，它代表着什么意思？其次，以2019年全球PET瓶消费量2411万吨为例，如果将2411万吨PET瓶全部回收，用于制造再生纺织品，那么相对于使用原生PET树脂生产的纺织品可以减少约3183万吨碳排放，相当于610万辆汽车一年的碳排放量。（见图5.3）

力量博士： 关于PET请参考番外篇【10】

表5.3 生产原生PET和再生PET的二氧化碳排放对比

	二氧化碳排放 (kgCO$_2$e/kg)
100%原生PET	2.23
100%再生PET	0.91
100%再生PET/100%原生PET	?

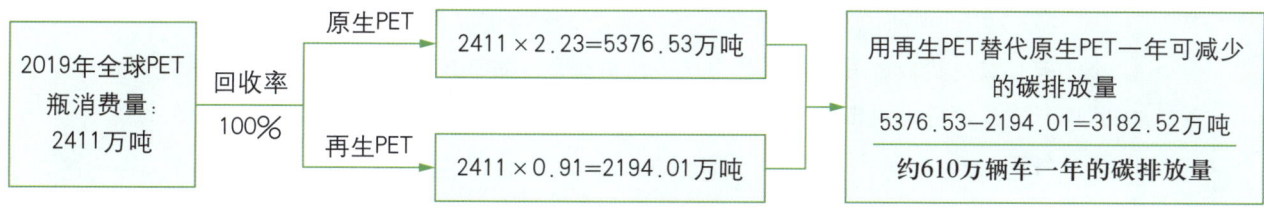

图5.3 不同PET瓶回收减少碳排放对比

小能： 噢！那我们可不可以把学校内平时产生的PET瓶收集起来制作成校园的文创产品呢？比如把它们变成带有咱们学校logo的书包、水杯，甚至衣服。
大源老师： 还真有人这么做了，给你看看这些产品！

图5.4 PET再生产品图

小能： 这真的是塑料瓶制成的吗？
大源老师： 那当然，给你看一看这三件产品原材料的样子。图5.5左侧的图片就是剪碎的塑料瓶，这些塑料经过洗净后机械加工成颗粒，颗粒在320℃熔化，从

学校场景

小孔流过成线状,再用染料将其染成不同的颜色,进而就可以制成服装了!右侧的图片正是我所说的颗粒和其制成的线,它们就是我们刚才看到的那三个产品的原材料了。

图5.5 PET原材料图

小能: 老师,那这些由水瓶做成的产品真的像普通产品一样结实吗?

大源: 那你来设计个对比实验吧!我们从多个方面对比一下回收材料和普通材料之间的差异!

小能: 好的,老师。我觉得可以从吸水性、牢固性、耐腐蚀性等角度去对比,我们就跟普通的棉质产品对比吧!棉产品的衣服也比较常见。

PET再生产品与普通棉质产品对比实验

▶ **步骤1:准备实验用品。**

PET再生产品、普通棉线或者普通棉布

▶ **步骤2:设计对比实验记录表。**

表5.4 PET再生产品与普通棉质产品对比实验记录表

实验内容	测试条件	实验结果
吸水性对比		

40

牢固性		
耐腐蚀性		

> **步骤 3：测试吸水性。**

将棉料与 PET 再生测试品浸入水中到一定深度，在相同时间内，测量水通过二者的爬升高度（毛细现象原理）。

> **步骤 4：测试牢固性。**

用棉线和 PET 测试品线拴住水桶，不断往水桶中注水，直到二者被拉断后，测量水桶的总重量。

> **步骤 5：测试耐腐蚀性。**

将棉料与 PET 测试品埋入花盆，经过 1 个月后观察其破损情况。

资料卡

浸润液体在细管里升高的现象和不浸润液体在细管里降低的现象，叫做毛细现象。能够产生明显毛细现象的管叫做毛细管。例如：砖块吸水、毛巾吸汗都是毛细现象。

 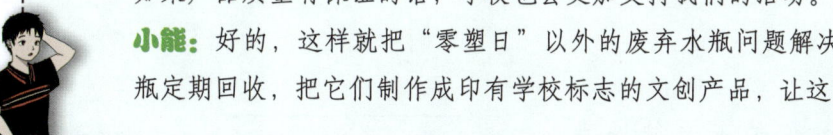

大源老师： 通过这个相对简单的对比实验，结合测试结果可以去跟学校提出倡议。如果产品质量有保证的话，学校也会更加支持我们的活动。

小能： 好的，这样就把"零塑日"以外的废弃水瓶问题解决啦！而且将废弃塑料瓶定期回收，把它们制作成印有学校标志的文创产品，让这些塑料瓶有用武之地。

参考文献：

[1] 比尔·盖茨. 气候经济与人类未来 [M]. 北京：中信出版社，2021

[2] Blue, Marie-Luise. What Is the Carbon Footprint of a Plastic Bottle? Sciencing，2 Mar. 2019

[3] Climate impact of plastics. McKinsey & Company，July 2022

[4] 沙利文，财联社，头豹研究院.2021 年碳中和背景下 PET 瓶可持续发展报告 [R].2021

厨余垃圾的"蜕变之旅"调查
——厨余垃圾的回收及后续跟踪（利用）调查

推开那扇窗

上午的学习结束后，同学们迫不及待地进入食堂饱餐一顿。小能和同学吃完饭后，将剩菜倒入食堂门口的垃圾桶里。看到垃圾桶里那么多的剩饭剩菜，小能产生了疑惑。

力量博士：厨余垃圾的具体定义，请参考番外篇【11】

垃圾桶里怎么有这么多剩饭剩菜？还有骨头、果皮什么的，这些都是厨余垃圾吧？

学校这么多人，一天就要产生这么多厨余垃圾，那全国十四亿人，一天因为吃饭产生的垃圾数量会非常惊人吧？

这么多厨余垃圾会去哪里呢？怎么处理呢？能不能变废为宝呢？

小能和同学们说出了这些困惑，他们决定一起调查一下厨余垃圾的"后半生"。

回到家，小能以"厨余垃圾处理""厨余垃圾用处"等关键词在网上进行搜索，在浏览多个网页后，小能发现了"厨余垃圾资源化"和"厨余垃圾能源化"这两个新的关键词，这正符合他想调查的主题。于是，小能依据这两个关键短语进行了进一步的搜索。为了保证获取信息的准确性，他的搜索目标主要是政府官方网站和正规的新闻网站。通过北京市人民政府官网、千龙新闻网、中国固废网等，小能搜索到了一些资料。

力量博士：厨余垃圾能源化含义，请参考番外篇【12】

资料卡

★ 世界：从前端食物浪费，到后端的厨余垃圾处理，都会产生资源消耗、环境污染和温室气体排放。每年世界上有三分之一的食物被浪费。

中国：每年因食物浪费产生的温室气体排放量约11亿吨。作为重要的有机废弃物之一，厨余垃圾的低碳管理值得研究探索。

★ 厨余垃圾资源化转换方法包括：动物转换、生物转换和物理化学转换。经转化可获得沼气、生物柴油、有机肥、高蛋白饲料等产品，实现循环利用。我国垃圾最主要的构成部分是厨余垃圾，2020年5月1日起，北京实施垃圾分类管理。

通过查阅资料，小能重新对之前的困惑进行了梳理，并就以下问题去和大源老师请教。

学校食堂中的厨余垃圾运到哪里了，后续又做什么处理了？
针对学校食堂中的厨余垃圾，我们可以做哪些处理来为校园服务呢？
我能从自身角度为节能减排做什么贡献呢？

小能：大源老师，我发现学校每天都会产生大量的厨余垃圾，我们通过查阅资料

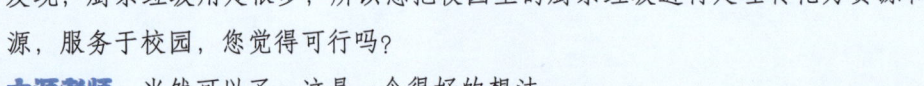

发现，厨余垃圾用处很多，所以想把校园里的厨余垃圾进行处理转化为资源和能源，服务于校园，您觉得可行吗？

大源老师：当然可以了，这是一个很好的想法。

小能：那我们能做些什么把厨余垃圾处理后为校园服务呢？厨余垃圾能够转化为清洁能源吗？如果能行的话就太好了，还能帮学校省电呢！

大源老师：你们需要先针对厨余垃圾和校园情况展开调查，不能凭感觉做事，然后再确定厨余垃圾处理的具体计划。

小能：好嘞！我这就和小伙伴们一起制定计划。

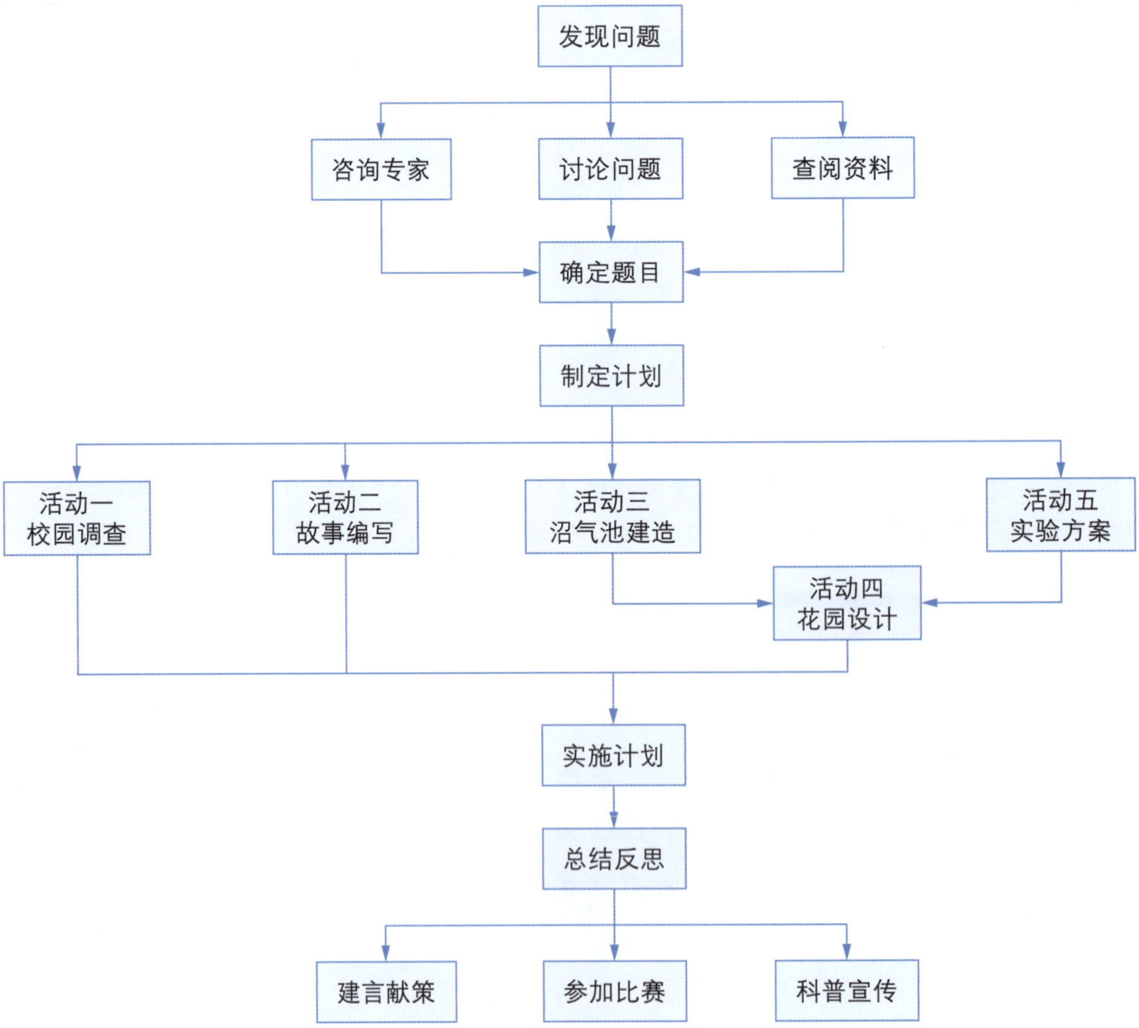

图6.1 "厨余垃圾的蜕变之旅"活动流程图

迈出那一步

学校厨余垃圾的情况调查

>> 步骤1：设计访谈记录表。

表6.1 访谈记录表

校园厨余垃圾情况访谈记录			
访谈地点		访谈时间	
被访谈人		被访谈人部门	
访谈人		记录人	
内容			

主要内容：

问题1：我们学校每天有多少人吃午餐？

回答：

问题2：同学们剩饭剩菜现象是否严重？

回答：

问题3：每天大概产生多少厨余垃圾？

回答：

问题4：我校的厨余垃圾都运到哪里了？

回答：

……

内容总结及发现的问题：

家庭场景

>> 步骤2：确定访谈对象，预约食堂和后勤老师，准时进行走访。

>> 步骤3：整理访谈记录表。

厨余垃圾"蜕变之旅"的故事编写

>> 步骤1：进行网上搜索并列表比较不同厨余垃圾处理方式的优点和缺点。

>> 步骤2：参观厨余垃圾处理工厂，了解厨余垃圾的"蜕变之旅"。

>> 步骤3：绘制流程图或者编写小故事。

从厨余垃圾的角度，比如自己是一片菜叶，叙述自己的"后半生之旅"或"蜕变之旅"，阐述厨余垃圾是怎么一步一步变得有价值的。

>> 步骤4：设计好流程图或者编写好故事后与其他同学分享，便于他们了解厨余垃圾处理的过程。

校园沼气池的方案设计

大源老师： 你们从厨余垃圾"蜕变之旅"的活动中，发现哪个环节能够节能减排呢？

小能： 现在处理垃圾一般都要运输到专门的垃圾处理厂，进行运输的车辆要特别定制，密封性必须要好，以防止垃圾外漏造成污染。在车辆制造和运输过程中，都有能源消耗。所以我想建议学校设置一个厨余垃圾就地处理的装置。

图6.2 垃圾处理厂

图6.3 厨余垃圾运输车

大源老师： 那如何利用处理后的厨余垃圾为校园服务呢？

小能： 我想建议学校根据厨余垃圾的产生量建造一个沼气池，将厨余垃圾转变为沼气这种清洁能源，并将沼气接入食堂中，为做饭炒菜提供能源。

力量博士： 关于沼气的概念，请参考番外篇【16】

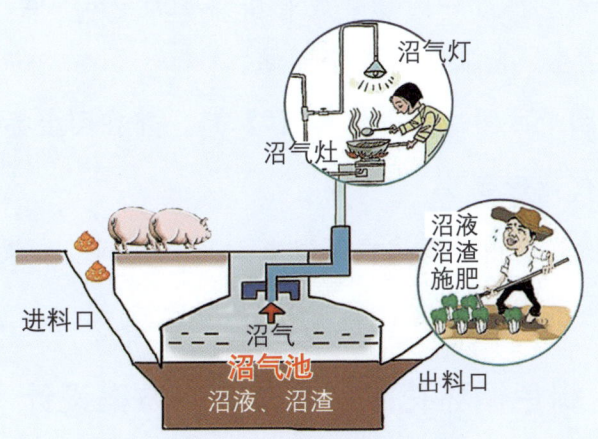

图6.4 沼气的利用示意图

大源老师： 这倒是一举两得，那你们对沼气池有了解吗？

小能： 我们在网上查阅了资料，沼气池有大型沼气池，也有和帐篷差不多大的小型家用沼气池，甚至家庭可以用密闭桶自制沼气池，产生的沼气可作为家庭能源使用。

图6.5 大型沼气池　　图6.6 小型沼气池　　图6.7 家庭自制沼气池

大源老师： 那你们了解影响沼气池建造的因素吗？沼气池的建造可不只分大小这么简单，具体的情况你们可以去请教一下力量博士。

力量博士： 你们想建造沼气池这个想法很好！不过沼气池的建造和当地的气候、地质、植被等都有很大的关系。

小能： 原来建造沼气池还有这么多讲究。

力量博士： 那现在我们一起梳理一下，在校园建造沼气池的具体步骤吧！

力量博士：影响沼气池建造的因素请参考番外篇【17】

> **步骤1：** 调查学校厨余垃圾的总量，根据总量确定沼气池的大小。

> **步骤2：** 考察校园，确定沼气池的位置。

家庭场景

确定位置时,需要考虑:最好距食堂或者厨房 50m 之内,一方面便于垃圾运输和沼气输送;另一方面远离学生,防止出现安全问题。

>> 步骤3:绘制校园平面图(见番外篇【6】),并在图上标注沼气池的位置。

>> 步骤4:确认沼气池形式。

校园建沼气池最好设置在地下,这样可以节约地面空间。如果设置在地下,还需要考察校园的地质情况和植被情况。

绿色循环花园(或菜园)方案设计

大源老师: 其实沼气池在产生沼气时,也会产生沼液,这是一种很好的肥料,关于肥料的使用,同学们是不是也有好的想法呢?

小能: 可以将这些厨余垃圾产生的肥料专门用在校园的某一处花坛,并将这个地方设计为绿色循环花园(或菜园)。还可以在附近写上提示语,比如"节能减排,厨余垃圾就地开花结果""垃圾是放错地方的资源""太饱了,你多吃我少吃,杜绝食物浪费"等。

大源老师: 创意很好!那么花园应该设计在校园的哪个地方呢?

小能: 我认为可以放在显眼的位置,便于宣传节能环保、绿色校园的理念。

大源老师: 同意,你们可以在地图上标出位置。

"厨余垃圾粉碎装置 + 堆肥"方案设计

大源老师: 除了建造沼气池的方案,同学们还有没有考虑过更容易实施的厨余垃圾处理方法呢?

>> 步骤1:查阅资料,了解城市污水管网的处理能力及厨余垃圾粉碎设备等相关内容。(见番外篇【18】)

>> 步骤2:拟定"增设厨余垃圾粉碎设备"的建议书,并向学校领导提出申请。

建议书中要呈现:研究过程、厨余垃圾粉碎处理的优势以及同学们对粉碎设备了解的情况等。

>> 步骤3:设置"花园厨余专用桶"。

在食堂厨余垃圾粉碎桶旁边放置一个"花园厨余专用桶",并布置一个宣传板报,说明哪些厨余垃圾可以用于堆肥,倡导同学们将适合堆肥的厨余垃圾,如鸡蛋壳、果皮等扔到这个桶内,其余的扔到粉碎机里排至污水管道。

>> 步骤4:使用益生菌进行堆肥。

说出那故事

大源老师:沼气池和绿色循环花园都建起来了,那沼气池最终的效果如何呢?同学们是不是还需要对它的可持续性进行关注呀?

小能:好的,我们设计一个表格对厨余垃圾量和沼气量进行持续性记录,还可以采访一下食堂老师和同学们对沼气池和绿色循环花园的看法和感受。

大源老师:节能减排一方面要考虑厨余垃圾的处理,一方面也要注意浪费粮食的问题,顺便可以调查一下饭菜浪费情况,便于食堂及时对饭菜量进行调整,减少食物浪费。

表6.2 调查表

日期	厨余垃圾量	沼气量	菜品名称(浪费较多的画△)						

跨过那座山

小能:厨余垃圾通过"蜕变之旅"变成了清洁能源和肥料,厨余垃圾可真是个宝。

大源老师:其实,不只是厨余垃圾,其他的垃圾也可以蜕变为宝。以北京市朝阳区高安屯垃圾焚烧厂为例,该厂每年焚烧处理生活垃圾53.3万吨,余热每年可发电2.2亿度,相当于每年节约7万吨标准煤,所以我们都说垃圾是"放错地方的资源"。你们也可以把视野放宽,不只局限于校园,还可到城市中走一走,通过参观垃圾处理厂、查阅资料等,访问调查一下其他种类垃圾的去处及其为能源做出的贡献,同样可以采用我们上述的方法编成故事,也可以将调查结果总结成表格。

> 家庭场景

表6.3 垃圾分类调查表

	定义及特点	调查方法（访谈、问卷调查、资料查阅、参观工厂……）	去处（就地粉碎、运输至垃圾厂……）	处理方法及原因	变为能源类型	变为资源类型
厨余垃圾						
可回收垃圾						
有害垃圾						
其他垃圾						
所有垃圾						

小能： 好的，大源老师。在调查了不同种类垃圾有不同的用处后，我发现垃圾分类实在是太重要啦！

大源老师： 所以我们要响应国家实施垃圾分类的号召，把垃圾放到对的地方从而使其成为资源。

 献出那份爱

大源老师： 通过这次的活动，同学们在校园中实践了厨余垃圾处理的解决方法，那同学们有没有想过，为咱们城市的垃圾处理提出更多的好想法和好建议呢？

小能： 我认为市区可以多规划、多建造沼气池等垃圾处理设施，将厨余垃圾转化为清洁能源。对于家庭来说，如果家家户户都安装厨余垃圾粉碎机，将厨余垃圾粉碎排放至污水中，为污水厂提供碳源，将会极大地减少厨余垃圾运输过程中产生的能源消耗。

同学： 我们家安装家庭粉碎机了，可是在使用的过程中总是堵塞。厨余垃圾处理器在处理垃圾过程中没有将垃圾完全粉碎，尤其是一些油脂日积月累地粘附在下水管道处，就会造成堵塞。

小能： 看来家庭在选择厨余垃圾粉碎装置时一定要注意机器的功率及粉碎情况，同时当地城市也可以安装专门的厨余垃圾污水管道，减少管道堵塞情况。

同学： 还有，我平时扔厨余垃圾时，总是发现垃圾桶周围脏兮兮的，还有难闻的气味，厨余垃圾太影响垃圾桶周围的环境了。

小能： 你说的这个问题确实存在，所以我们还需要提高家庭自主处理厨余垃圾的意识，倡导家庭使用益生菌进行厨余垃圾堆肥，这样垃圾既没有气味，又有了用处。

大源老师： 你们有没有想过，将你们的研究和做法向更多的同学或者在社会上进行宣传和普及呢？

小能： 我们编写的"蜕变之旅"小故事可以画成漫画，发在学校的公众号上，也可以加工成板报，同时我们也可以组织知识问答、讲故事等活动，在校园、小区进行科普宣传。另外，也可以和班主任老师商量，开展一次主题班会，同学们一起为厨余垃圾处理、垃圾分类、光盘行动的普及建言献策，为节能减排贡献自己的力量。

大源老师： 我相信通过你们的活动，能够提高大家对垃圾资源化、垃圾能源化的认识，人人献出一点力量，社会和国家才能越来越美好。

参考文献

[1] 世界资源研究所. 6张图带你了解中国的碳排放 [EB/OL]. (2021-3-30). [2023-4-16].

小小低碳出行规划师
——调查家到学校的出行碳排放量

 **推开那扇窗**

周一的早晨,小能和几位同学在校门口相遇。小能看到有的同学和他一样,是由父母开车送来的,见面都说路上有点堵,要提前挺多时间从家出发;骑自行车来的同学觉得路上非常顺畅,而且还锻炼了身体;乘地铁来的同学说,虽然地铁很拥挤,但是速度快,不堵车,节约时间。不同的出行方式,给大家带来的感受各不相同。我们可以在班内调查一下,同学们每天从家到学校都采用什么出行方式?做这个调查可以干什么用呢?小能想:

同学们的出行方式是不是可以折射出北京市的交通运输状况呢?

不同的出行方式意味着交通工具不同,那不同交通工具的碳排放量会有多大差异呢?碳排放量应该如何计算呢?

从地理课上学习得知,做到低碳出行有助于实现"碳达峰"和"碳中和",怎样做就是低碳出行呢?这对"碳达峰"和"碳中和"的实现能有多大贡献呢?

翻开那本书

上完地理课,小能找到大源老师说明了他和同学们要做调查的想法。

大源老师: 你们聚焦"交通出行方式"的做法很好,交通运输一直是我国的碳排放大户。过去9年,我国交通运输领域的碳排放年均增速保持在5%以上,成为温室气体排放增长最快的领域之一。2020年,我国交通领域的碳排放9.3亿吨,占全国终端碳排放的15%,其中,仅道路交通碳排放就占到了90%,近一半来自城市交通碳排放。而绿色出行、低碳出行对减少碳排放贡献会非常大。你们在做班级调查之前,应该先对北京市的交通运输整体情况有所了解。建议大家去北京市交通委员会官方网站、北京市生态环境局官方网站等搜索相关资料。

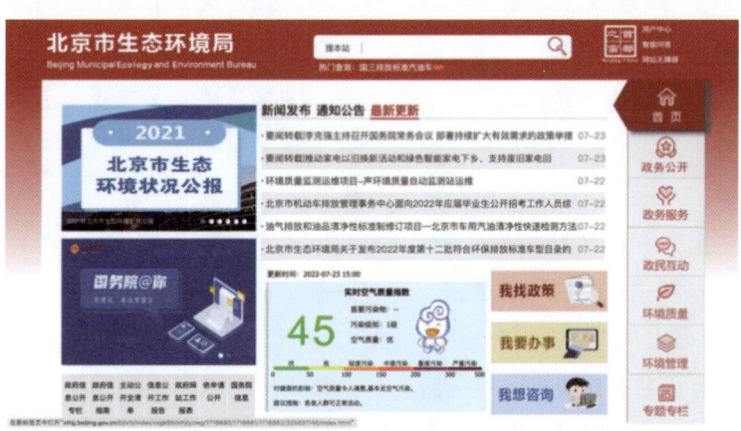

图7.1 北京市生态环境局官方网站

图7.2 北京市空气质量级别分布

> **家庭场景**

按照大源老师的指引，我们找到了：北京市互联网租赁自行车行业2021年下半年运营监管情况（见番外篇【19】）。

大源老师： 从同学们收集到的资料可以看出，北京市非常鼓励自行车出行。除此之外，北京市对于地铁站周边的规划也进行了改善，增加了自行车道，而且增加了绿化。

图7.3　地铁站周边现状图　　图7.4　地铁站周边慢行改善示意图

小能： 自行车出行是绿色出行的重要方式，而且北京市为单车出行提供了很多便利。但是，我们不可能只靠自行车出行呀！如何选择其他有助于减少碳排放量的出行方式呢？

大源老师： 你提出的问题确实值得我们思考。其实，现在国家也大力推广新能源汽车，包括新能源小汽车和新能源客车，你们也可以查找一下近些年新能源汽车的相关数据，对比一下，看看能得出什么结论。

小能： 我在上下学的路上确实发现北京市的公交车大部分都是新能源的。我们还检索到北京市新能源车的一些数据。通过分析数据，当前国家大力推广新能源汽车，最近在新闻上也看到国家鼓励消费者更新使用新能源汽车，最高补贴1万元呢，这样可以大力提高新能源汽车的比例，减少碳排放。

大源老师： 这个对比很好，数据比较能够说明问题。

图7.5　北京市新能源客车保有量

资料卡

截至2020年底，北京市新能源车保有量为411 633辆。其中，2013-2020年北京市新能源客车保有量不断上涨，到2020年新能源客车保有量已达388 897辆；新能源货车保有量22 736辆，较上年增长11.1%。此外，数据显示电动汽车要比汽油车减排35%。

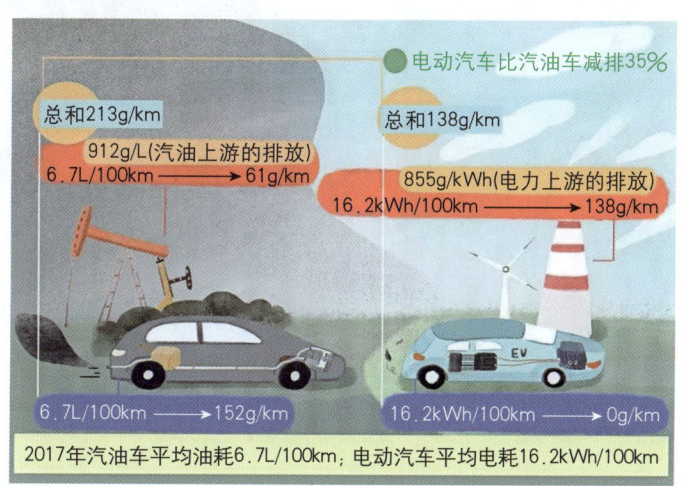

图7.6　汽油车与电动汽车比较

小能： 另外，我发现北京市很多地方修建了电动车充电桩，只要在电子地图上一搜索就可以就近充电，对人们出行来说是非常方便的。

大源老师： 你能观察发生身边的现象，并能够运用地图来描述地理事物的分布，这个学习习惯非常好。其实北京市规划和自然资源委员会坚持"慢行优先、公交优先、绿色优先"理念，规划连线成网、连网成片，加快构建成网好用的慢行交通系统。

小能： 我发现这些年北京市自行车道拓宽了很多，与我去过的城市，如上海、杭州、太原等相比，北京市的自行车道是最宽的。

图7.7　新能源汽车充电桩及其分布

家庭场景

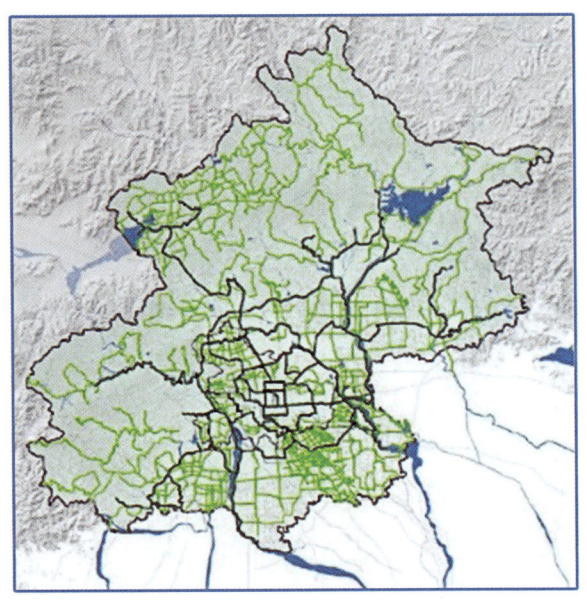

图7.8 北京市全市绿网通道分布

图7.9 北京市慢行交通

绘出那幅图

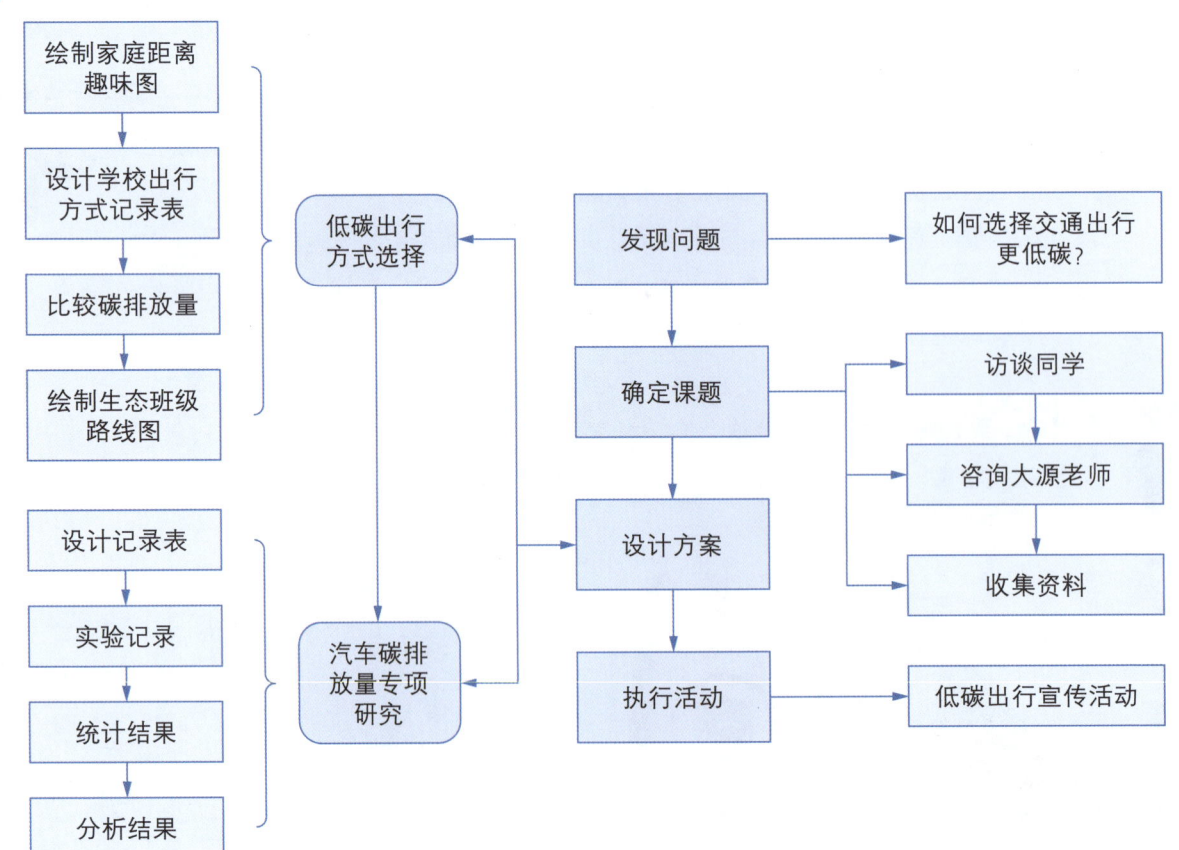

图7.10 "规划低碳出行"活动流程图

绘制家校距离趣味地图

>> **步骤1：选择合适的地图**

第一，调查同学们的家庭住址，找出最远的距离；

第二，根据家校距离、比例尺与范围大小的关系，选择适宜的地图（如北京城六区地图）。

>> **步骤2**：请全班同学在地图上标注自己的家庭住址。

>> **步骤3**：每位同学计算家校直线距离。

第一，量算家校图上的直线距离；

第二，根据地图比例尺计算出家校实际的直线距离。

>> **步骤4**：每位同学在地图上标注出家校的直线距离，形成趣味地图（见图7.11）。

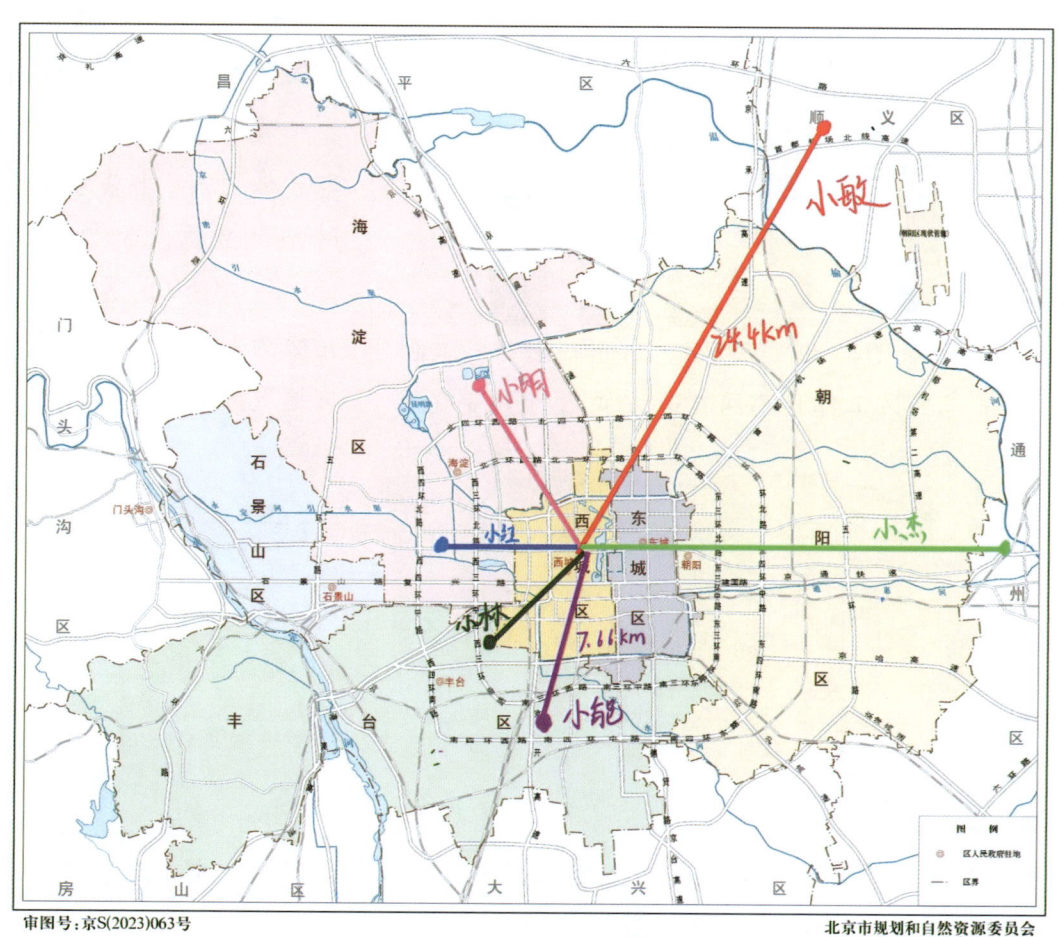

图7.11 家校直线距离趣味地图

家庭场景

大源老师：这张图已经能够大致看出我们班同学的家庭住址的分布特征了。但是呈现出来的是家到学校的直线距离，而实际上，我们的出行路线不可能完全是直线的，为什么你们选用直线方式呢？

小能：曲线量算太复杂了，而且在地图上看起来比较乱，我们用直线示意最小出行距离，是不是也能说明问题呢？

大源老师：这样思考问题非常好，有时候确实需要将复杂问题进行简化。

调查出行方式，计算碳排放量

>> **步骤1**：在网上搜索北京市民的出行方式及出行量。

小能：从资料里我们看出，北京市大力提倡绿色、低碳出行，那不同出行方式的碳排放量真的会有很大不同吗？出行拥堵状况会影响出行方式的选择吗？

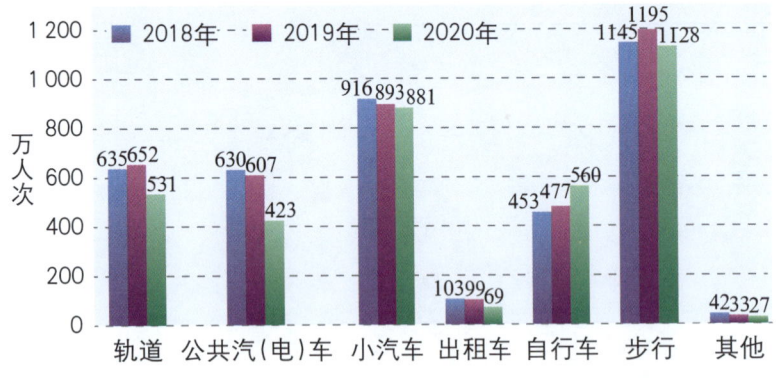

图7.12　北京市城区工作日不同交通方式出行量变化图

>> **步骤2**：调查北京市出行高峰时期的道路拥堵状况。

在北京市交通委员会官网、电子地图APP上获取北京市的实时路况数据。例如，这是某天18:45—18:50的数据：全网交通指数为6.2，代表中度拥堵，平均速度为26.0千米／时。

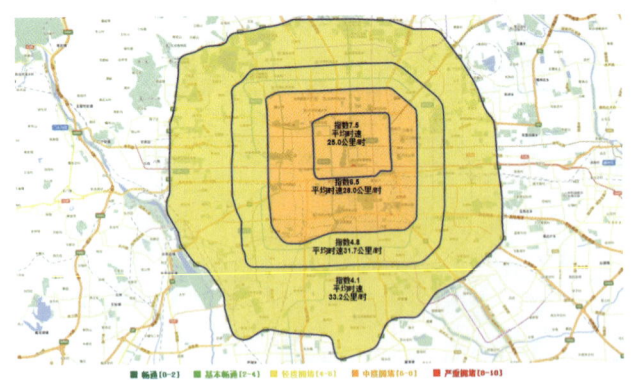

图7.13　北京市交通指数实时监测图

图7.14　北京市路况电子地图

>> **步骤3**：学习碳排放量的计算方法。

第一，在网上查找计算碳排放量的概算数据，利用公式计算；

第二，现在开发出很多APP、小程序，输入出行距离后即可获得碳排放量。（见番外篇【20】）

>> 步骤4：调查班级同学的出行方式。

小能：老师，我和同学们聊天时发现，很多同学的出行方式并不是固定不变的，我自己也有三个出行方案，从家里到学校，我更加愿意骑7分钟共享单车，然后乘地铁，最后步行500米到学校。因为坐公交车时间太久，爸爸开车送我也不方便，且上下学高峰期容易堵车。每种出行方式的距离、时间和耗能都是不同的。

大源老师：确实如此，每个人都可以有多种出行方式的选择。接下来你可以在班里进行一个调查。（见表7.1）

表7.1　出行方式记录表（姓名：小能）

出行方案	出行距离（千米）	耗资（元）	耗时（分钟）	碳排放量（$kgCO_2$/次）	我的线路选择
地铁＋自行车＋步行	10.15+1.1+0.7=11.95	5.5	42	0.38	√
公交车＋步行	10.5+4=14.5	4	69	1.06	
自驾	10	30	20	2.86	

各种出行方式碳排放量参考数据见番外篇【20】

手绘"班级生态地图"

>> 步骤1：向同学们说明，不同的出行方式选用的笔的颜色，全班统一。

>> 步骤2：每位同学计算自己出行的碳排放量。

第一，罗列自己每天上下学通常选用的出行方式；

第二，依照碳排放计算公式计算自己出行的碳排放量。

>> 步骤3：在同一张地图上绘制自己的出行轨迹。（见图7.14，图为简单示意，可由同学创意发挥）

▶ 家庭场景

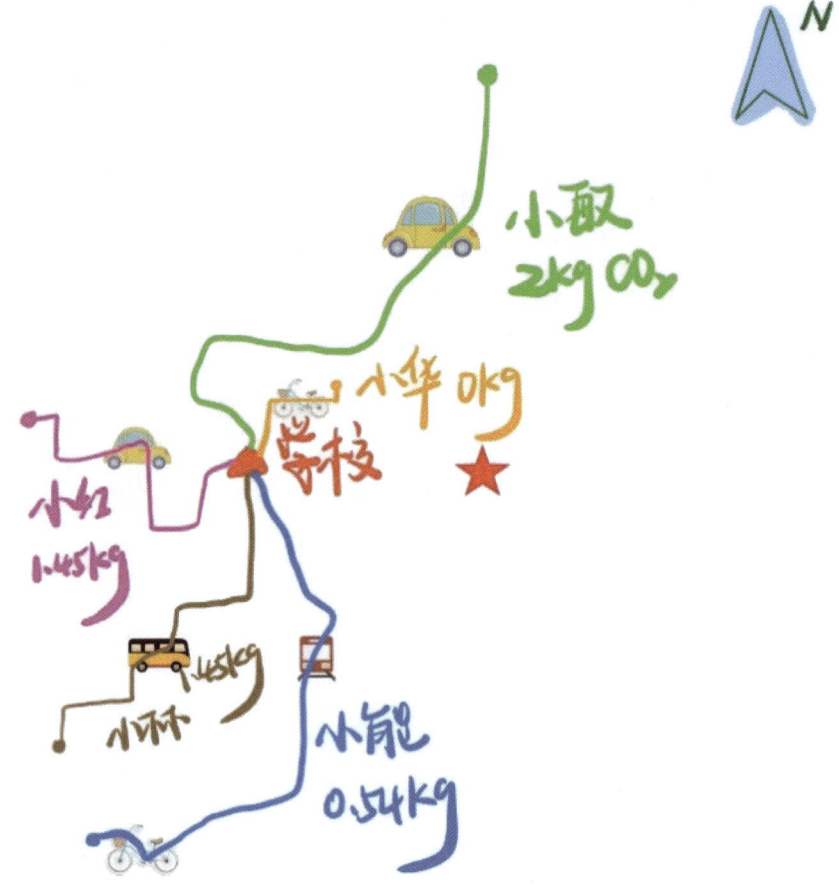

图7.14 班级生态出行轨迹地图

说出那故事

小能： 大源老师，这次活动我们建立了"生态班级轨迹地图"，通过调查和计算，每个人都选择了自己从家到学校的绿色路线。

大源老师： 你们做这件事非常有意义！在这个过程中同学们学习了如何收集地理信息、分析地理数据、粗略计算碳排放量、绘制地图等技能，还能够从社会、国家发展这样更高的角度来思考问题，从我们日常出行角度，为国家"碳达峰"和"碳中和"目标做出自己的贡献。

小能： 老师，我们还想更深入地探究一下同一出行方式，碳排放量会有哪些不同，比如汽车出行。

大源老师： 其实影响碳排放量多少的因素还有很多，比如开车习惯、路况及天气状况等。

小能： 好的，老师，那我和同学们继续研究。

 跨过那座山

汽车碳排放量专项研究

小能： 老师，我发现同样的路程，我爸爸和妈妈开车的耗油量是不一样的。我观察到可能与起动次数有关，有时候交通比较顺畅，遇到的红灯少，不需要停车，耗油量就比较少。

大源老师： 你观察得非常仔细，大家可以想想，还有哪些因素可能会影响碳排放量？

小能： 我设计了这样一个表格来进行统计分析，您看可以吗？

表7.2　汽车耗油量登记表

行程距离	日期	起动次数	拐弯次数	刹车次数	变道次数	红灯次数	行驶速度	天气情况	耗油量	碳排放量

大源老师： 很好。你可以观察多次并记录下来结果，看看碳排放量是否有差异。

小能： 好的，我们根据调查记录结果来提醒家人、朋友们，调整驾驶习惯，减少耗油，从而减少汽车的碳排放，做到开车出行也尽可能低碳。

 献出那份爱

小能： 老师，经过这次对大家出行方式碳排放量的调查研究，我们学习到了很多。

家庭场景

我们想组织一次关于"低碳出行"的主题宣传活动,号召大家绿色出行、生态出行,为实现"碳中和"目标出一份力。您觉得可以吗?

大源老师: 这个提议好呀!你们不仅用实证的方法验证了不同交通方式的碳排放量,做出自己的选择,还能够扩大影响,号召大家一起践行"低碳出行"理念,老师要为你们的行为点赞!

小能: 感谢老师对我们这次实践活动的支持和指导!

参考文献:

[1] 北京市生态环境局.2021年北京市生态环境状况公报[R].北京:2021.

[2] 北京交通发展研究院.2021年北京交通发展年度报告[R].北京:2021.

算算吃掉的"碳足迹"

推开那扇窗

妈妈：小能，今天我用南美进口的"贵客"牛肉炖了番茄牛腩，味道很不错。
小能：南美？好远啊！怎么还是"贵客"牛肉？
妈妈：那是，远道而来，价格不菲、做起来费事，耗时很多，能源消耗的很"贵"，当然是"贵客"了。

听了妈妈的解释，小能盯着牛肉似乎想到了什么。

一日三餐的食物在生产、运输、加工等过程中会消耗多少能源？
不同食物消耗的能源有多大差异？
消耗这些能源，其碳排放是多少呢？

 家庭场景

哪些食物的碳排放比较高呢？

 翻开那本书

吃完饭，小能在搜索引擎中利用关键词"食物二氧化碳排放量"进行搜索，找到了一些资料。

资料卡

"吃肉会让全球变暖！1kg牛肉排放300kg二氧化碳。""食物运输产生大量二氧化碳，冷藏车运输水果和蔬菜碳排放尤甚。""食物生产占人为温室气体排放总量近三分之一。"还有2021年的最新研究：与全球食品生产有关的温室气体排放每年约等同于173.18亿吨二氧化碳，其中57%对应于动物性食品生产，29%对应于植物性食品，另有14%来自其他利用方式。

资料卡

水稻的种植，需要耕地、播种、灌溉、浇肥、收获、脱粒等过程，中间会用到肥料和农药，要耗能。水稻加工脱粒后生产出的大米需要运到食品厂里包装成袋，要耗能。水稻运到超市售卖，要耗能。千家万户买到家，蒸米饭的过程需要用电，也要耗能。如果将剩饭扔掉，需要运到厨余垃圾处理厂中回收再利用，还要耗能。

原来食物真的会在生产和运输过程中产生这么多二氧化碳。那么怎样才能计算出某种食物在生产过程中排放的二氧化碳量呢？小能搜索"番茄炖牛腩的二氧化碳排放量""大米饭的二氧化碳排放量"，没有找到数据信息，这可怎么办？还是去问问大源老师吧！

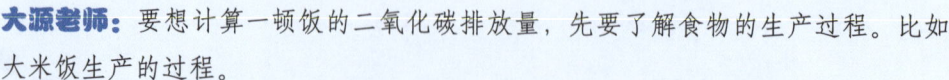

小能：大源老师，我想计算中午这顿饭的二氧化碳排放量，网上查不到数据。
大源老师：要想计算一顿饭的二氧化碳排放量，先要了解食物的生产过程。比如大米饭生产的过程。
大源老师：如果我们要计算大米饭的碳排放，需要把每个步骤都考虑到，才能获得相对比较准确的数据，这种方法叫生命周期评价法。图8.1展示了食物的生命周期过程以及如何产生碳排放。

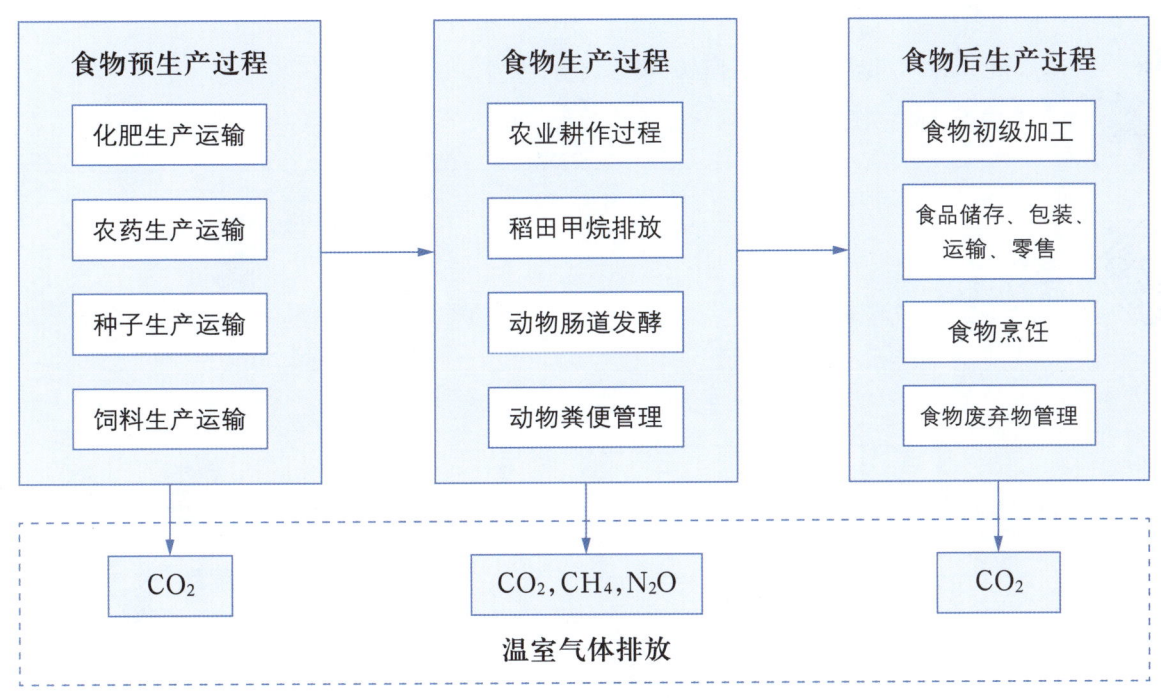

图8.1 食物生命周期温室气体排放

有人测算过食物预生产和生产过程中的碳排放（见图8.2）。

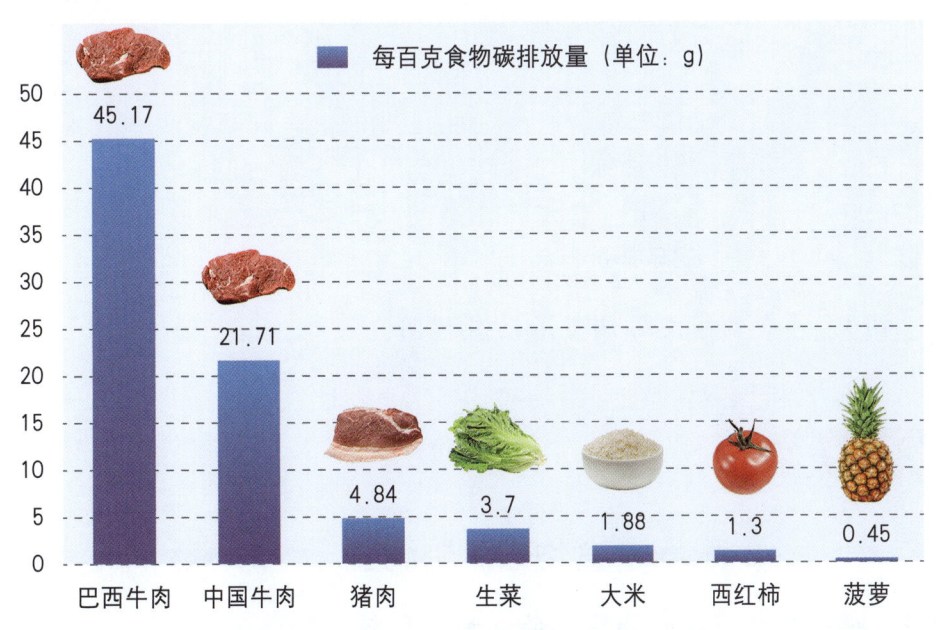

图8.2 食物生产过程中的碳排放

大源老师： 我们只要把食物的生命周期列全，称出重量，查到排放量的数据，做一个加法就可以，最后表示为多少克的 CO_2eq。

小能： 明白了，我需要把每餐饭中每种食物的生命周期列出来，从生产到运输、加工、废弃物处理的全过程，然后列出每个过程具体需要的产品或者服务，再去

家庭场景 ▶

查询生产每种产品或者运输过程的碳排放量，进行一个累加就可以了。

大源老师：对，你现在就可以进行操作了。

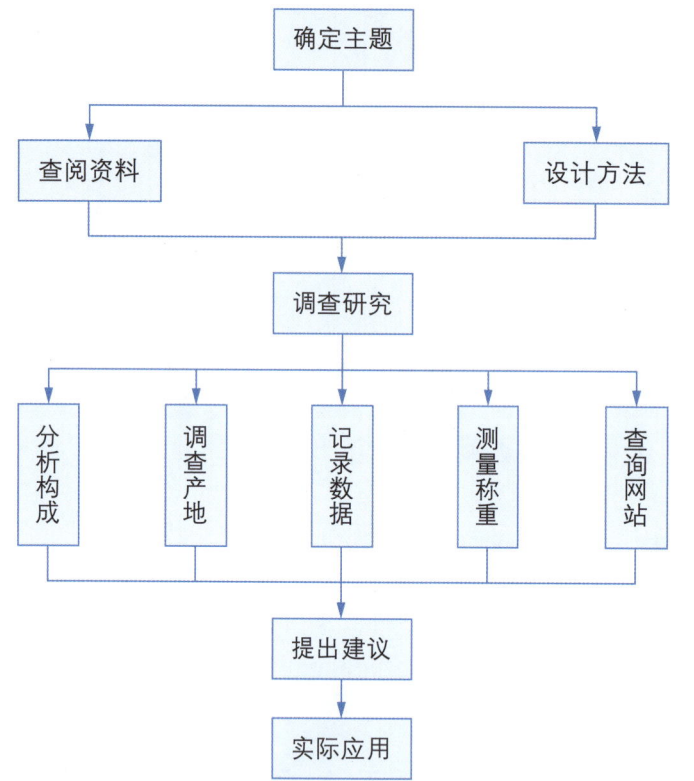

力量博士：关于 CO_2eq 请参考番外篇【21】

图8.3　食物碳足迹调查活动流程图

食物碳足迹调查

▶▶ 步骤1：调查午餐三菜一汤需要的食物和配料。

表8.1　三菜一汤的食物和配料

菜品、主食	主料（单位：g）	配料（单位：g）
番茄炖牛腩	牛腩500	西红柿500、料酒20、盐5、姜片5、蒜5、香葱10、黑胡椒酱5、洋葱30、水500、食用油10

菠萝咕咾肉	里脊肉300	菠萝200、青椒25、生抽5、淀粉20、料酒5、盐5、番茄酱80、白糖5、鸡蛋50、面粉50、食用油100
清炒生菜	生菜300	大蒜20、盐3、食用油10
鸡蛋汤	鸡蛋50	淀粉10、盐3、葱10、生抽5、水500、食用油5
米饭	大米300	水500

>> **步骤2：查询数据，计算食物生产过程的碳排放量。**

第一，在网站上查询数据；

由中国产品全生命周期温室气体排放系数库中，查找到各种食材和产品的碳排放数据。

第二，根据搜索到的数据，列表进行计算。

表8.2 食物生产过程产生的碳排放量

食材	重量（g）	CO_2eq/g（g）	总CO_2eq（g）
牛腩	500	45.17	22585
西红柿	500	1.3	650
料酒	25	0.253	6.325
盐	16	0.853	13.648
姜片	5	0.88	4.4
蒜	5	0.68	3.4
香葱	10	0.5	5
黑胡椒酱	5	1.3	6.5
洋葱	30	0.37	11.1
水	1500	0.244	366
食用油	125	1.77	221.25
里脊肉	300	4.84	1452
菠萝	200	0.45	90
青椒	25	3.12	78
生抽	10	0.34	3.4
淀粉	30	0.23	6.9
番茄酱	80	1.3	104

> 家庭场景

白糖	5	1.47	7.35
鸡蛋	100	1.97	197
面粉	50	0.284	14.2
生菜	300	3.7	1110
大蒜	20	0.68	13.6
葱	10	0.5	5
大米	300	1.88	564
总计			27518

步骤3：计算主要食材运输过程的碳排放量。

由于食材和配料比较多，可以只统计主要食材的运输距离，其他使用不多的配料可以统计一个总数，取一个平均距离来估算碳足迹。

这些食材涉及不同的运输方式，生鲜食品还需要冷链运输，要查到这些方式每单位重量和路程的碳排放量，再乘以重量和路程，就可以得出运输过程的碳排放。我查到大货车运输中，每千克货物、每千米路程，行驶排放量是0.751g CO_2eq，制冷排放量是0.066g CO_2eq。海洋运输中，每千克货物、每千米路程，行驶排放量是0.064g CO_2eq，制冷排放量是0.012g CO_2eq。这样就可以把下面的表格填写完整了。

表8.3 食材运输过程产生的碳排放量

食材	重量（g）	产地	运输方式	运输距离（km）	总CO_2eq
牛腩	500	巴西	水路+公路	20 000+650	
西红柿	500	平谷	公路运输	82	
里脊肉	300	顺义	公路运输	44	
菠萝	200	广东徐闻	公路运输	2670	
鸡蛋	100	平谷	公路运输	82	
生菜	300	河北冀州	公路运输	305	

大米	300	黑龙江五常	公路运输	1220	
食用油	125	山东莱阳	公路运输	630	
其他配料	353	取平均值	公路运输	719	
总计					

>> **步骤4：计算制作菜品过程中的碳排放量。**

制作菜品的过程中，主要使用了水和电，可以记录水表和电表上的读数，算出做饭前后的差值，看看分别用了多少水和电，再乘以每度电或者每吨水的碳排放量（每吨水的碳排放量是 0.224g CO_2eq，每度电的碳排放量是 0.554g CO_2eq）就可以了。

表8.4 制作菜品过程产生的碳排放量

名称	使用量	CO_2eq	总CO_2eq
水		0.224g/吨	
电		0.554g/度	
总计			

>> **步骤5：计算食品包装产生的碳排放量。**

食品包装的碳足迹，需要把这些食材用到的包装称重，乘以单位重量包装袋的碳排放量（每千克塑料袋的碳排放量是 2.33g CO_2eq，每千克纸袋的碳排放量是 1.69g CO_2eq）。

表8.5 食品包装产生的碳排放量

名称	使用量	CO_2eq	总CO_2eq
塑料袋		2.33g/kg	
纸袋		1.69g/kg	
总计			

>> **步骤6：计算废弃物处理产生的碳排放量**

家庭场景

如果用餐后，产生废弃物，还要计算废弃物的碳排放量。对要扔掉的垃圾进行称重，再乘以处理垃圾的碳排放量（每千克垃圾焚烧的碳排放量是3.27g CO_2eq）。

表8.6 废弃物处理产生的碳排放量

名称	重量	CO_2eq	总CO_2eq
废弃物		3.27g/kg	

> **步骤7：计算午餐三菜一汤的碳足迹。**

将食材生产、运输、制作、包装、废弃物处理等环节的碳排放量相加，即可得出这餐饭的碳足迹。

说出那故事

小能： 我在查阅专门网站、论文以及计算过程中，还了解了一些高碳排放量的食物，比如牛肉比猪肉要高很多；肉比蔬菜、水果要高很多；长距离运输的食物碳排放量更多；加工方式复杂的食物碳排放量多；包装多的食物碳排放量多。

大源老师： 你总结的很到位！那就给我们说说吃哪些食物可以减少碳排放吧！

小能： 我们建议大家多吃蔬菜、水果，少吃肉；吃本地产的食物，缩短运输距离；多吃一些原生态的食品，少吃加工复杂的食品；选择食品包装简单的，因为包装多的食物，生产包装和废弃包装的处理过程都要产生碳排放，我们可以选择可回收的包装，减少一次性包装的使用；同时，我们还要避免食物浪费，吃多少做多少，浪费的食物从生产到运输再到制作，最后还有垃圾处理，这些过程的碳排放太多了，要坚决避免食物浪费！

大源老师： 减少碳排放并不是说只能吃素，我们还是要保证身体获得足够的营养，肉该吃还是要吃，饮食上合理搭配，身体健康是第一位的。但是要坚决避免食物浪费，在家吃多少做多少，在外吃多少点多少，吃不完的食物要打包带走，践行"光盘行动"。

小能： 老师，我在想，计算碳足迹的方法能否更简便，比如输入菜名，就能查到碳足迹！我设想我们可以做个小程序或者app，把常见的菜算好了录入进去，以后再有人想计算碳足迹的时候，直接输入菜名就出来了，这样就太方便了！例如可以把学校食堂常见的饭菜录入进去，同学打饭的时候就可以根据重量自动显示碳足迹，这样是不是很酷！还能提醒同学们减少吃饭过程中的碳排放。

大源老师： 你可以向学校提交一份申请书，详细介绍你的想法和需求，征得学校

的同意和支持。

小能： 好的！

关于食堂增设显示饭菜碳足迹仪器的建议

敬爱的校领导：

　　您好！

　　我是……

　　这个做法的优点有以下几条：

　　1.……

　　……

　　具体实施步骤可以这样进行：

　　1.……

　　……

建议人：小能
20XX 年 X 月 X 日

跨过那座山

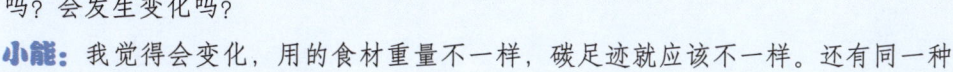

大源老师： 我们根据上面的计算来思考一下，食堂某道菜的碳足迹是固定的数值吗？会发生变化吗？

小能： 我觉得会变化，用的食材重量不一样，碳足迹就应该不一样。还有同一种

家庭场景

蔬菜的产地发生变化,运输距离不同,碳足迹也会发生变化。

大源老师: 其实这种情况最典型的案例就是"反季节蔬菜",比如同样是生菜,夏天的时候,我们可以从河北冀州运生菜过来,冬天就只能从南方运输了,或者在北方的温室大棚才能种植蔬菜,大棚里种生菜需要人工增温,有时候还要充二氧化碳保温,这些都会增加生菜种植过程中的碳排放。而且温室大棚还会喷洒杀虫剂,施用化肥、催熟剂,对土壤和蔬菜都不好;搭建大棚用的塑料不易降解,也会对环境产生污染。所以反季节蔬菜在生产中会产生一些问题,我们还是倡导多吃当季的食物,你也可以再去调查一下反季节蔬菜的利弊。

献出那份爱

大源老师: 在一些发达国家还有一种做法,就是在食品的包装上直接标注碳足迹,称为"碳标签",消费者在购买的时候,可以比较不同食品的碳足迹,多购买低碳足迹的食品可以推动企业向低碳足迹的生产转型,引导企业绿色生产。我们可以向企业、社会呼吁设置碳标签,推动国家节能减排的实施,早日实现"碳中和",为社会和国家做出自己的贡献。

小能: 那我们写一份关于设置碳标签的倡议书,为节能减排助力!

参考文献:

中国产品全生命周期温室气体排放系数库

灶台节能妙招多

推开那扇窗

周末到了,爸爸妈妈却都要加班,懂事的小能主动帮奶奶蒸米饭。他把米淘好,放在电饭锅里,按好锅盖准备去插电源的时候,奶奶却让他把米先泡一会儿,小能十分不解。奶奶说浸泡过的米煮起来更省时,并且饭粒更大。"真的吗?"小能半信半疑。奶奶此时有些不确定了,"其实,我也没太注意,隔壁王奶奶总这么告诉我,她还让我用热水蒸饭呢,说这样熟得快,省电。手机里的那些小妙招什么的也说过类似的方法,但我还真没好好对比过……"

奶奶的一番话引起了小能的思考。他决定将奶奶没做的对比做一下。毕竟,如果这些做法真有效果的话,它不仅能省时,让米饭的口感好,还能节约很多能源呢!这可是一举三得的好事情啊!

说干就干,小能决定找大源老师商量一下怎么做对比试验。

家庭场景

小能把煮饭问题跟大源老师描述了一番，大源老师指导小能查阅了如下资料：

资料卡

免淘米也称清洁米，是指无需淘洗就可直接蒸煮的大米。由于煮前不需淘洗，不仅可以避免淘洗过程中干物质和营养成分的大量流失，还可以节省淘米用水和防止淘米水污染环境。它的营养成分与一般大米相仿，不过有些营养成分，如钙、磷、铁等微量元素以及维生素B族要少些。

友情提示——过去由于制米工艺技术不够先进，成品大米里的杂质难以除净，淘米主要是为了去净杂质，而今制米工艺中广泛采用先进的粒度选、风选、厚度选、色选等技术，已使看得见的杂质全部清理干净，只剩下看不见的杂质：微生物细菌和虫卵等。所以没有经过灭菌、抗菌处理的大米都应该认真淘洗，不可以马虎哦！

大源老师帮助小能一起梳理了思路：泡与不泡、淘与不淘，其实就是蒸米饭之前水分的参与情况；热水还是凉水、水温高低其实就是蒸米饭之前温度的情况……

小能觉得这次试验还需要做个调查问卷，目的是了解一下妈妈、奶奶们在灶台前的烧饭习惯，毕竟这个对比研究本来就是为她们提供更好的灶台节能建议。另外，也许她们还有不同的习惯，小能也可以再充实一下对比试验内容。

大源非常赞赏小能的想法，认为他不仅打开了研究思路，对于研究的目的和措施也想得更加充分。另外，老师还提了一个小建议，可以扩大调查人群的范围，可能会获得更多省时省力的好办法。

小能认真地梳理了和大源老师的谈话，并绘制出了这次研究的基本流程图。

下面是小能的研究计划：

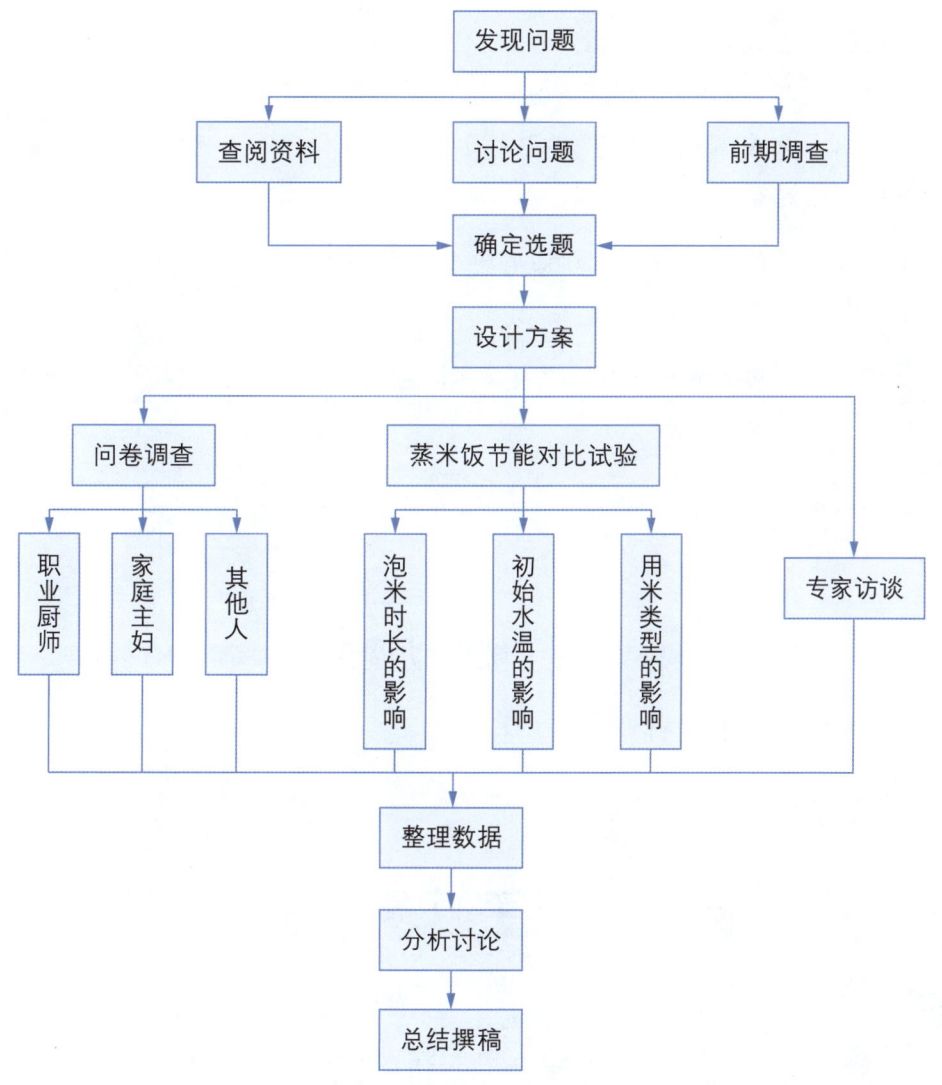

图9.1 "灶台节能"活动流程示意图

表9.1 研究计划表

内容	目的、方法	计划时间	地点
提出问题	通过生活实例发现问题。	1周	家中
确定选题	与大源老师进行方案的初步讨论。	2周	学校
查阅资料	查阅互联网、图书和杂志,积累资料。	1个月	图书馆、家中
设计问卷	设计调查问卷,并与大源老师一起讨论和修改。	2周	学校、家中
调查问卷	日常生活中在灶台前的做饭节能习惯	1个月	社区周边、餐厅后厨、随机调查……

试验对比	按照计划做几组对比试验，观察记录包括泡与不泡、泡米不同时长、不同蒸饭用水初始水温、普通大米与免淘米等情况下，完成同样烹饪目标所消耗的能源量	2~3个月	家中厨房
咨询专家	了解在日常做饭过程中还可能有哪些节约能源的关注点和基本原则	2周	物理、能源方面的专家
撰写论文	总结分析调查结果和数据，撰写论文。	2个月	家中

迈出那一步

灶台节能活动调查

步骤1：制定问卷并进行调查。

调查问卷如下：

调 查 问 卷

答题要求：

您好！我正在进行一项与您生活相关的调查。每个人对问题会有不同的看法，因而答案没有对错之分，只是表明您对这些问题的态度即可。请您尽量表达个人的意见，希望能得到您的配合与支持，本调查采用匿名形式，您的真实回答将对我们的研究极为重要。对您的配合表示真诚的感谢！

注意事项：

读完每个问题后，做出选择，不用花费过多时间反复思考。每题只能选择一个答案，在相对应的"□"内打"√"。请尽量不要选择"不能确定"的答案，除非您认为其他答案确实不符合您的情况。

1. 您的职业是：
□A. 厨师； □B. 家庭主妇； □C. 学生； D.□上班族。
2. 您的年龄段是：

☐A.60 岁以上；　　　B.29 岁至 59 岁；　　　☐C.16 岁至 28 岁。

3．您或您的家人煮米饭时用水的温度：

☐A．热水；　　☐B．冷水；　　☐C．温水；　　☐D．不清楚。

4．您认为热水煮饭：

☐A．省时间；　　☐B．好吃；　　☐C．米粒大；　　☐D．家庭习惯。

5．您认为冷水煮饭：

☐A．好吃；　　☐B．保持原味；

☐C．时间长，可同时蒸煮其他食品；　　☐D．家庭习惯。

6．您煮米饭前是否用水泡米：

☐A．用水泡；　　☐B．不用水泡；　　☐C．有时泡有时不泡。

7．您煮米饭前用水泡米的主要原因是：

☐A．过滤氯气；　　☐B．让米膨胀；　　☐C．好熟；　　☐D．好吃。

8．您在做饭过程中还有什么节约能源的小妙招：_____

_____

9．您还知道什么灶台上节约能源的小妙招：_____

_____

衷心感谢您在百忙之中抽出时间参与此次调查问卷，谢谢您的参与！

步骤 2：对比试验。

第一，制定试验原则。

为减少试验误差，小能在试验设计中采取了以下几个原则：①做对比试验时，其他因素尽量一致。例如在对比大米处理方式对节能的影响时，选用同一锅具（电饭锅）、同一批次的大米、同样多的米和水量作为研究对象。例如：在蒸米饭的试验中，每组试验都用 500g 米，加入 625ml 的水煮；②煮饭时以打开电饭锅作为起始时间，电饭锅自动跳闸作为终止时间来记录所用时间，并计算耗能，用普通压力锅时，记录耗用的燃气量，并转化为耗能量；③每组试验都平行做 5 次，取平均值。

第二，选用试验器材。

试验器材包括：电饭锅、弹簧秤、电水壶、计时秒表、量杯、温度计、大米（普通米和免淘米）等。

第三，设计试验记录表（见表 9.2）并进行试验。

资料卡

平均耗时——5次平行试验耗时的算数平均值。

平均耗能——利用物理公式 E=P·t 计算得来的,其中E是能量,单位焦耳,简称焦(J);P是用电器电功率,单位瓦特,简称瓦(W);t是平均耗时,单位秒(S)。

烧水耗能——根据物理公式 Q = c m ΔT 计算得来,其中Q是将水从某温度烧到100℃所需要的能量,单位是焦耳,简称焦(J);c是水的比热容,$c = 4.2 \times 10^3 J/kg·℃$,m是水的质量,单位千克(kg),m = ρV,ρ 是水的密度,ρ = 1.0 g/ml,V是水的体积,单位毫升(ml)。

总耗能 = 平均耗能 + 烧水耗能。

表9.2 试验方案与记录表

试验序号	大米种类	是否提前浸泡大米	泡米时间(min)	蒸饭用水温度(℃)	煮饭时间(min)	米饭口感	备注
1	普通米	否		15			
2	免淘米	否		15			
3	普通米	是	40	15			
4	免淘米	是	40	15			
5	普通米	否		30			
6	普通米			45			
7	普通米			60			
8	普通米			75			
9	普通米			100			

▶▶ 步骤3:试验数据分析。

分析试验数据,并通过列表、制图,进行可视化表达。

表9.3 初始水温对煮米饭过程中耗能的影响

初始水温 (℃)	试验次数 (次)	耗时 (s)	平均耗时 (s)	平均耗能 (kJ)	烧水耗能 (kJ)	总耗能 (kJ)
15	1	1264	1288	772.8	——	772.8
	2	1290				
	3	1288				
	4	1300				
	5	1299				
30	1	1231	1206	723.6	39.4	763
	2	1183				
	3	1357				
	4	1117				
	5	1141				
45	1	1050	1092	655.2	78.8	734
	2	1150				
	3	1104				
	4	1089				
	5	1069				
60	1	1093	1085	651	118.1	769.1
	2	1127				
	3	1041				
	4	1066				
	5	1100				
75	1	864	954	572.4	157.5	729.9
	2	1013				
	3	1041				
	4	901				
	5	949				
100	1	1096	1079	647.4	223.1	870.5
	2	1058				
	3	1206				
	4	1050				
	5	983				

家庭场景

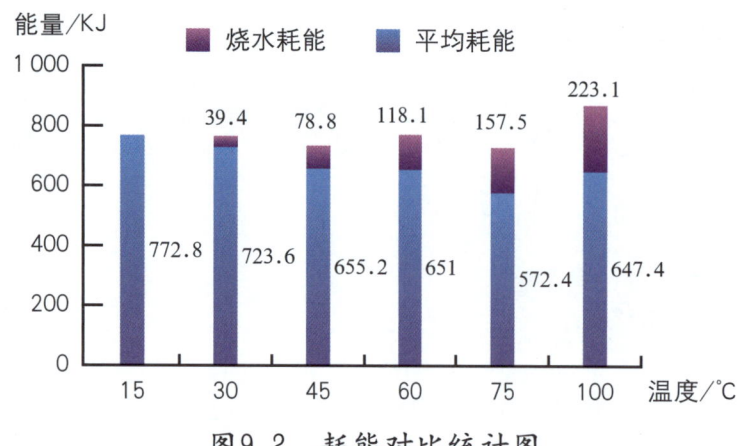

图9.2 耗能对比统计图

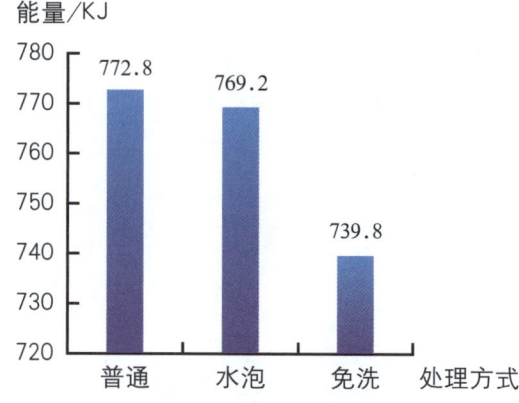

图9.3 不同煮米饭处理方式的耗能统计图

由试验可知：初始水温越高，煮米饭所花费的时间越短，消耗的能量也越少。但初始水温为100℃时煮米饭所花费的时间突然增加，消耗的能量反而增多了。(见图9.2)这是为什么呢？

小能还有一个发现：初始水温为100℃所煮的米饭，米粒的口感外层松内心紧，口中米粒呈颗粒状，但嚼的时候感觉比较散，这应该也证明水温过高直接把米外层的淀粉烫熟了，所以导致传热效果差，米粒的里面就不好熟了，所以才比较硬。

> **力量博士**：热量在固体中是以传导的方式传递的，而在液体和气体中主要以对流的方式层层传递热量，速度较慢。因此在电饭锅提供的热量相同时，虽然锅内水的温度给它传递的热量很高，但由于米外部淀粉比较膨松，相对于淀粉比较紧密的米粒来说，传递热量的速度明显降低，煮米饭所消耗的时间也就变长，耗能也随之增大。

小能还做了不同大米的处理方式耗能的差异数据统计图（见图9.3）。

> **小能**：通过我的试验看，使用普通米直接煮米饭所花费的时间略小于浸泡过的米煮米饭所花费的时间，但所消耗的能量差别较小；而免淘米煮米饭所花费的时间最短，所消耗的能量为739.8 kJ，比普通米直接煮和浸泡过的米耗能少得多。但调查数据显示，用普通米直接煮米饭的人占44%，煮米饭前浸泡米的人占45%，而用免淘米煮米饭的人仅占1%。
>
> **大源老师**：这个研究对改变人们的传统观念还是很有意义的！
>
> **小能**：是啊！根据调查数据看，大多数人认为，用浸泡过的米煮米饭，由于米粒"膨胀"，使得米的外部淀粉疏松，米更容易煮熟，所花费的时间短。但其实人们忽略了用水浸泡米所消耗的时间。使用浸泡过的米煮米饭的耗时1282s、耗能769.2kJ，与直接煮米饭的耗时1288s、耗能772.8kJ相比，仅仅少了6s、3.6

kJ，而煮米饭前浸泡米需要花费40min的时间，所以综合来看，浸泡过的米煮米饭并不节省时间和能量。

大源老师： 你分析得特别细致。那么，不同处理方式最后蒸出的米饭，它们的口感如何呢？

小能： 初始水温15℃时，普通米煮出来的米饭，大米外表颗粒状态好，有筋骨感和嚼劲，嘴里能感受到每一粒米的润滑，软硬度适中，口感不错；而用水浸泡过的米煮米饭，米饭芯内部松散，口感软。

大源老师问小能试验后对免淘米的印象，小能认为免淘米由于外部经过处理，吸热能力较强，比较容易熟，耗时耗能都较少（耗时1233s，耗能739.8kJ），但由于价格昂贵，而且米饭中间会比较硬，所以购买的人还是很少的。

说出那故事

小能对这次活动最大的体会是：只要细心，节能减排是每个人在生活中都能做到的。生活中节能这种看似高不可攀的事情，其实就藏在我们日常生活的一点一滴中，比如做饭。事情不怕小，只要注意观察、多思考就会有很大的收获。这次能为节能减排做点事情，利用课堂所学的知识，结合生活实际做了试验研究，同时还帮助奶奶解决了一些她的困惑，小能很有成就感！

跨过那座山

大源老师注意到小能在做调查问卷的时候不仅是针对这次研究的内容，对人们在灶台前的其他行为也有所涉及，大源老师想知道他这么做的目的。

小能： 我在做调查的时候，人们提到了使用不同的锅，他们的节能效果可能不一样，还有的阿姨、奶奶说，锅胆不同结果也可能不一样。

图9.4 不同的锅胆

81

他认为这些都可以作为继续研究的内容。

大源老师非常赞赏小能的想法。他简单地总结了一下，小能开始对比的是米和米的处理方式，然后可以对比锅胆，最后是锅。

平底炒锅　　　　　　　不锈钢平底锅　　　　　　　康宁锅

图9.5　不同的锅具

小能在大源老师的启发下，认为米→锅胆→锅之后还可以继续向外扩展。比如奶奶爱用一个能把锅架高的架子，而妈妈每次做饭都嫌这个东西碍事，要把它拿掉。他决定再做一个煮饭用火不同高度的对比。

 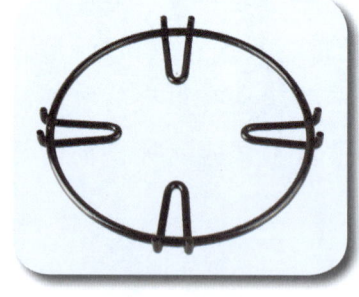 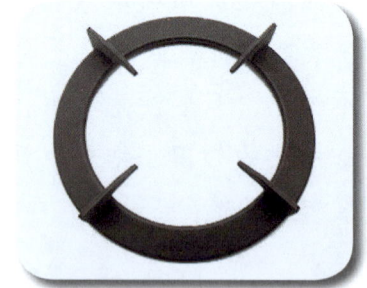

图9.6　不同高度的锅架

大源老师提醒小能，如果测试锅胆，还可以蒸米饭，但是如果对比锅具，或者对比锅架，就不用蒸米饭了。小能决定改成烧开一定量的水。

快乐递到家的"垃圾"

推开那扇窗

小能正在沙发上休息,这时敲门声响起,是快递到了。只听快递员说:"这个订单是生鲜类食品,天气太热,应该尽快拿出来放冰箱里保存。"快递小哥把货放到门外提醒道。小能兴奋地打开门,发现有两个大大的快递箱子在门口。小能找出剪刀,费力地打开泡沫塑料箱,里面只有一小盒冰淇淋,拆开另一个泡沫塑料箱,里面居然是一个吃冰激凌用的勺子!"买了一盒冰淇淋,送来这么多垃圾!"小能看着地上的快递包装发愁地嘀咕道!

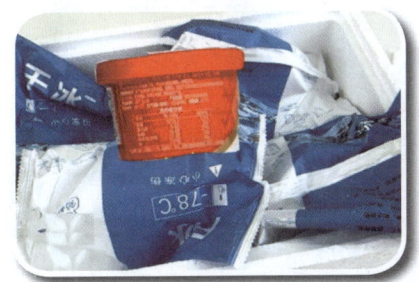 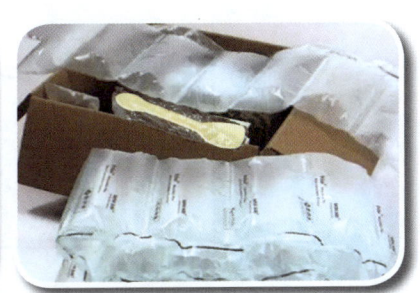

图10.1 快递的包装图

家庭场景

我们国家每年产生多少快递包装？

这些快递包装每年在生产过程中会产生多少碳排放？

快递如何包装能做到节能减排呢？

小能决定先上网了解一下快递外包装的种类。（见番外篇【22】）

在中华人民共和国国家邮政局官网的政务公开栏目中，小能找到了2021年邮政行业发展统计公报，看到了这几年我国快递业发展的相关数据。（见图10.2、图10.3）

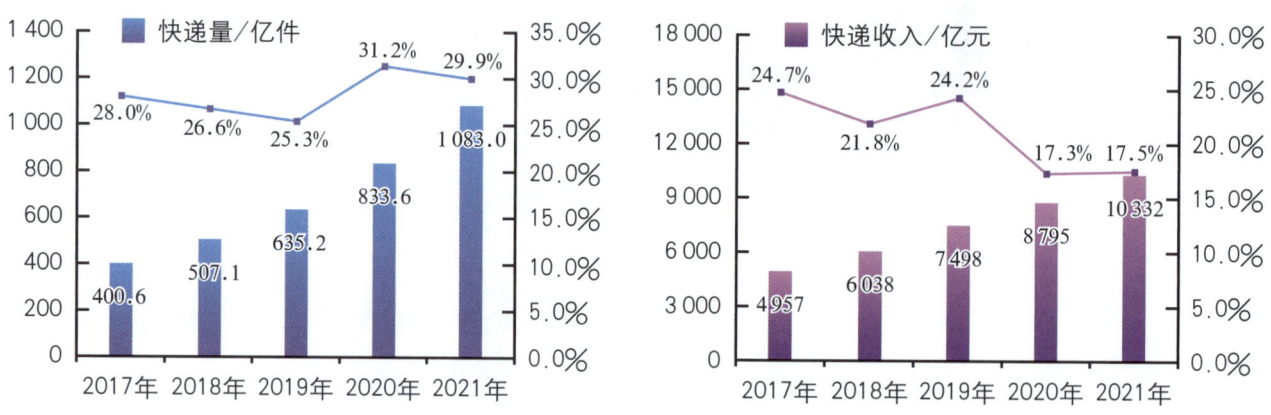

图10.2　2017—2021年快递业务发展统计图

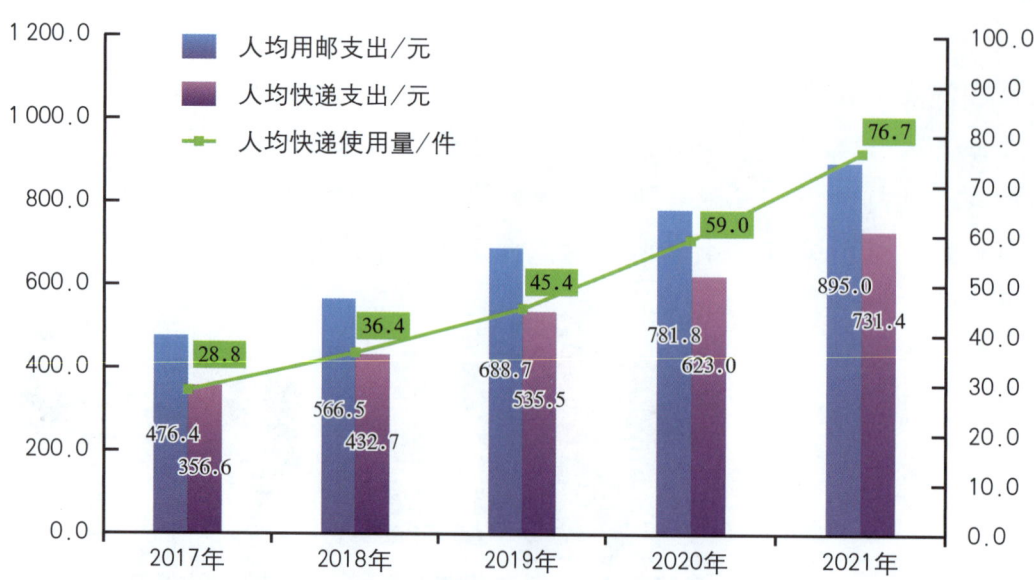

图10.3　2017—2021年人均用邮支出、快递支出和快递使用量统计图

另外，小能还查到了快递包装产生碳排放的相关资料。

资料卡

2020年，我国快递包装废弃物总量已超1000万吨。2021年，我国快递年业务量首次超过1000亿件，快递包装废弃物还将持续增加。据估算，我国快递业每年消耗的纸类废弃物超过900万吨、塑料废弃物约180万吨。有专家称，按照现在快递行业的增长速度，快递业碳排放量将超过3200万吨。

小能： 大源老师，请问一件快递会在哪些环节产生碳排放呢？

大源老师： 一件快递从客户下单到最后包装成为废弃物，经历了如下过程：客户下单、业务员揽收、始发网点打包、送往始发分拣中心、始发分拣中心打包、送往目的地分拣中心、目的地分拣中心分拣、送往目的地网点、目的地网点分拣、业务员派送、客户签收、快递包装废弃物处理等环节，每个环节都会有不同程度的碳排放。

小能： 如何估算这些碳排放呢？

大源老师： 可以通过生命周期评估法（LCA）计算出大致的碳排放。根据查阅到的资料，一件1kg左右从上海发往北京的快递，从用户下单到快递包装废弃物处置，共计产生碳排放约1.3Kg。

小能： 我也想计算一下我家快递每年大约产生多少碳排放。

绘出那幅图

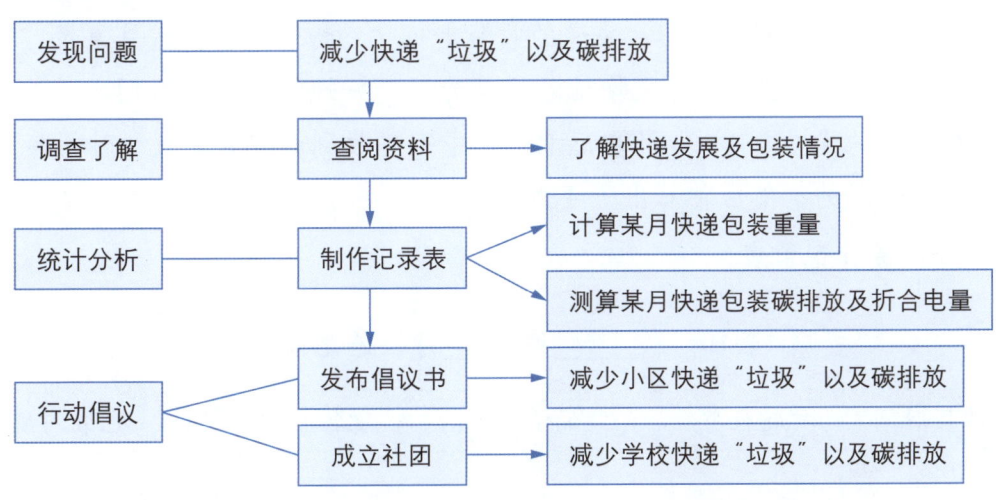

图10.4 快递包装"变废为宝"活动流程图

家庭场景

迈出那一步

调查家庭每年快递数量及包装的重量

步骤1：准备称重工具。

家庭快递一般都是小件为主，所以准备电子秤或小型台秤即可。

步骤2：讨论记录表包含内容。

第一，和父母咨询家里快递的大致种类；

常见的快递货物分类可以参照图10.5，在记录时可以大致分类，不好分类的货物则直接记录货物名称。此栏目可以归结为"货物性质"，记录这一内容可以了解不同类别快递货物到家的"垃圾"多少。

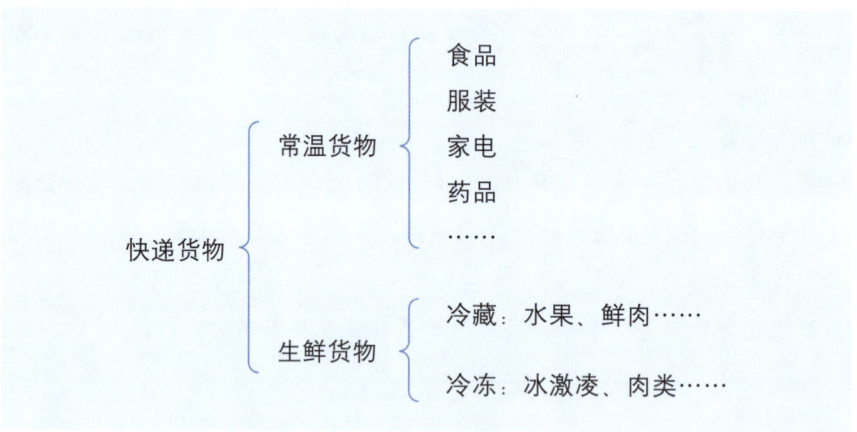

图10.5 常见快递货物分类

第二，罗列出所有需要记录的内容，并与老师讨论。

记录表中通常应该有以下内容：快递的收货时间、货物性质、快递总重量、货物重量、快递包装的重量等内容。其中，记录收货时间是为了更好地统计一段时间内（比如一个月）的快递数量和产生的"垃圾"，如果要记录一年中家庭收到的快递情况，时间跨度比较长，建议先记录某一个月的，然后估算出一年的。

步骤3：设计记录表。

表10.1 ＿＿＿＿年＿＿＿＿月快递记录表

编号	收货时间	货物性质	包装的重量（g）	货物的重量（g）	包装与货物重量比
1					

2				
……				
合计	~~	~~		

>> 步骤4：发放记录表，邀请班级同学共同参与。

快递"垃圾"的碳排放及折合电量估算

通过计算快递到家的"垃圾"，小能进而想到，这些"垃圾"每年会产生多少碳排放呢？这些碳排放转化成电能又会是多少呢？

>> 步骤1：拜访专业人士。

为了解决小能的诸多专业问题，大源老师带着小能拜访了力量博士，学习一些专业知识。

第一，力量博士科普了快递全生命周期碳足迹的概念；

力量博士： 快递产生的碳排放也称为碳足迹，我们可以采用快递的全生命周期来计算，快递的全生命周期可以划分为四个环节，分别计算碳排放量（见图10.6）。

快递全生命周期碳足迹
- 第一碳足迹：快递运输等设备化石燃料燃烧产生的温室气体排放
- 第二碳足迹：快递服务中外购电力、热力所产生的温室气体排放
- 第三碳足迹：快递服务中快递包装产生的温室气体排放
- 第四碳足迹：快递包装物的回收及销毁所产生的温室气体排放……

图10.6 快递全生命周期碳足迹

第二，力量博士指导碳足迹的计算；

因为小能主要研究的是快递到家的"垃圾"，所以重点测算第三碳足迹——快递包装产生的温室气体排放，这部分碳排放在快递包装的全生命周期过程的碳排放占比很大。力量博士还特别提醒，测算时还要关注温室气体排放因子，其中有两项特别容易被大家忽视的内容，即：运单和透明胶带。

>> 步骤2：测算运单和打包使用透明胶带的重量。

家庭场景

第一，计算电子运单的重量

大源老师： 现在大多数快递企业使用的是电子运单，大小多数为100mm×150mm，其重量只能估算。

小能： 那我能不能根据一张A4打印纸的重量估算出一张电子运单的重量呢？或者可以查找一卷电子运单打印纸的重量，再除以张数，就可以得到一张电子运单的重量。

大源老师： 后面的方法相对准确一些，可以尝试一下。

小能： 我找到了某款面单，计算出了每张面单的重量约为2.34g。

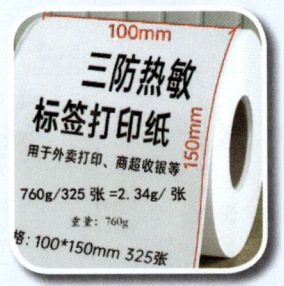

图10.7 快递电子运单

第二，计算透明胶带的重量

大源老师： 快递企业目前绝大多数使用的是瘦身胶带，宽度为45毫米及以下。我们可以先计算出每米胶带的重量，再根据每件快递使用胶带的长度计算出实际的重量。

小能： 我计算出来透明胶带折合每米重量为2.4g。

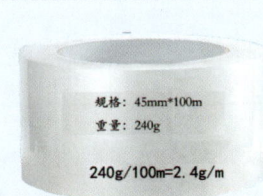

图10.8 快递打包用胶带

>> **步骤3：设计记录表。**

可以在表10.1上基础上修改完善，还可以根据1度电的碳排放大约为0.785Kg，估算出快递包装的碳排放折合的电量。

表10.2 _____年_____月快递包装的碳排放记录表

编号	收货时间	货物性质	类别	各类别的重量(g)	排放因子(gCO_2/g)	各分类碳排放(gCO_2)	合计碳排放(gCO_2)	折合电量(度)
1			运单 (2.34g/张)		1.872			
			快递封套		2.528			
			快递包装纸箱		1.137			
			塑料薄膜包装袋		3.240			

			塑料编织包装袋		2.507			
			透明胶带（2.4g/m）		2.765			
2			运单（2.34g/张）		1.872			
			快递封套		2.528			
			快递包装纸箱		1.137			
			塑料薄膜包装袋		3.240			
			塑料编织包装袋		2.507			
			透明胶带（2.4g/m）		2.765			
3			运单（2.34g/张）		1.872			
			快递封套		2.528			
			快递包装纸箱		1.137			
			塑料薄膜包装袋		3.240			
			塑料编织包装袋		2.507			
			透明胶带（2.4g/m）		2.765			
4			运单（2.34g/张）		1.872			
			快递封套		2.528			
			快递包装纸箱		1.137			
			塑料薄膜包装袋		3.240			
			塑料编织包装袋		2.507			
			透明胶带（2.4g/m）		2.765			

5		运单（2.34g/张）		1.872		
		快递封套		2.528		
		快递包装纸箱		1.137		
		塑料薄膜包装袋		3.240		
		塑料编织包装袋		2.507		
		透明胶带（2.4g/m）		2.765		
总计						

>> 步骤4：发放记录表，邀请班级同学共同参与活动。

说出那故事

小能： 大源老师，在网购出现之前有没有快递呢？

大源老师： 中国是世界上最早建立传递信息组织的国家之一。殷墟挖掘出的甲骨文证实，早在3000多年前的商朝，中国已有近似于快递的驲（rì）传制度。当时乘车传递的叫"驲"或"传"，乘马传递的叫"递"或"驿"。因后世专以马递，故统称"驿传"，也称"邮驿"，从事邮驿的人员称为"驿卒"。我们熟悉的"驿站"就是古代专供驿卒途中食宿、换马的场所。这种官办的邮驿制度经历了春秋、汉、唐、宋、元等各个朝代的发展，至清朝中叶才逐渐衰落，直至1912年废驿归邮才彻底废除。时至今日，许多快递收件派送网点也喜欢以驿站自称。而除了官方的快递网络，随着商品经济的发展，民间也在明清兴起了镖局、信局这样的私人快递公司。

小能： 古代快递会不会产生大量的快递"垃圾"呢？

大源老师： 现代快递的"垃圾"主要是快递包装，快递包装一方面是为了保密，更重要的是为了防止货物破损、变质或调包。古代快递也有包裹封套，其主要目的是防止泄密、调包。秦代传送的竹简文书，捆扎结绳处使用封泥，并盖上相关印玺，以防私拆，写在绢素上的则要装入书袋中。汉代外封套有函、箧、囊等，根据物件的形状、大小，分别装入不同的包装袋中。清代则有封桶、报匣、夹板等封套。与今天清一色的纸箱、快递文件袋用完弃之不同，古人的快递包装有的可是值得收藏的工艺品。

小能： 古代快递的碳排放应该很低吧？

大源老师： 古代由于快递的运输方式多为马或马车，快递的包装多为木质、纸质材料，所以产生的碳排放相对较少。

跨过那座山

小能： 每个家庭每年都有大量的快递"垃圾"，并产生了大量的碳排放，快递的包装能不能实现低碳或零碳呢？

大源老师： 其实，我国政府和快递企业也非常重视快递物流包装的减碳，比如推广快递运单电子化、包装减量化、可循环包装产品等措施。2020年，国务院办公厅转发国家发展改革委、国家邮政局等八部门《关于加快推进快递包装绿色转型的意见》，提出推进快递包装"绿色革命"，明确了2022年和2025年可循环快递包装应用的量化目标。

小能： 为了减碳或低碳，快递企业具体做了些什么？

大源老师： 快递企业也都在为减少快递垃圾、减少碳排放努力着。

★ 几年前，某物流试点循环快递箱"青流箱"，其箱体正常情况下可循环使用50次以上。

★ 去年7月，二次升级后的循环包装箱丰多宝也投入试点运营，目前已投放达72万个，循环使用280万次。

★ 还有物流公司推出的"漂流箱"和绿色循环快递盒等可循环快递包装也先后投入市场试点运行。

★ 某购物网站也推出了回收快递包装箱的活动，在快递小哥上门送快递时顺便回收上次的快递纸箱并给予相应的会员积分。

★ 网购一些生鲜食品时，也经常遇到快递小哥拿着可循环使用的冷链包装箱，每单一箱，在签收时打开包装箱，拿出冷链物品，带走包装箱，几乎不产生快递包装"垃圾"。

★ 除了包装的循环使用外，各大快递企业都有相应的快递包装源头减量行动：电商快件不二次包装、胶带瘦身、填充物减量化、新材料及新技术使用。如绿色可降解胶带、纸浆模塑缓冲材等环保材料。

★ 还有物流企业通过智能打包系统解决方案，根据商品的规格尺寸"量体裁衣"，减少纸箱、缓冲物等包装耗材的使用。

家庭场景

小能： 我希望更多的人一起行动起来，例如在小区里发布一个倡议书，提醒社区居民，减少快递"垃圾"。

大源老师： 是的，快递包装的主要目的是防止货物破碎、变质等。网购时尽可能一单多购、快递包装让快递小哥回收等也可以减少快递"垃圾"。你可以把纸质版的倡议书贴在小区或者每个单元的宣传栏里，当然，你也可以找业委会或居委会，请他们把你的倡议书发到小区的公众号或业主群里。

关于减少快递"垃圾"和碳排放的倡议书

各位居民朋友们：

　　大家好！

　　随着社会经济的发展，网购成为了我们每个家庭购物的重要形式。近些年来，我国人均的快递使用件数也保持大幅增长。快递方便了我们的生活，同时也带来了大量的"垃圾"和大量的碳排放。

　　为了减少快递"垃圾"和快递包装产生的碳排放，我倡议大家做到以下几点：

　　1．网购商品时请尽可能一单多购，尤其是同类物品，尽可能减少多单少购的情况，这样既可以减少快递的包装"垃圾"，也可以减少快递运输、包装等环节的碳排放；

　　2．网购商品时请尽可能少购易碎物品，这样可以减少快递的包装"垃圾"和包装环节的碳排放；

　　3．网购快递尽可能选择可以当面签收的时间收货，请在收货后让快递小哥回收可以重复使用的快递包装，以便再循环使用；

　　4．签收后的快递纸箱、泡沫箱等包装物，请不要直接丢弃，可以送到小区的快递驿站，由驿站统一回收给快递企业再循环使用。

　　居民朋友们，让我们一起做一些小的改变，用点滴的低碳／减碳行为，践行绿色生活，为建设生态文明、构建环境友好型社会贡献我们的力量。

小能： 您看，这是我写的倡议书。

大源老师： 另外你们的活动还可以在学校推广、开展。建议你们：

1. 做好宣传，把你和同学们的这些调查记录展示在宣传栏里或相应的公众号上，让同学们对网购快递产生大量的包装垃圾和碳排放有进一步的认识；

2. 积极沟通，你们可以找到负责后勤的老师，提出合理的建议：在学校里设置一个快递包装回收点，并联系相关的快递企业，回收这些可循环使用的快递包装；（因为同学们的快递多为常温物品，其包装也多为纸箱，完全可以回收循环使用。）

3. 成立社团，建议你们找团委的老师备案，成立一个社团去组织这个活动，社团每年可以招收学弟、学妹们加入，以便可以更好地、持续地把这个活动开展下去。

小能： 谢谢老师，我现在就去找后勤和团委的老师……

参考文献：

[1] 下楼收个快递的碳排放相当于开车8公里？——产品全生命周期温室气体排放（5）[R]. 一分钟扯碳，2022-05-23

[2] 周杨，甘陆军，韩方方. 基于生命周期评价的快递碳足迹核算[J]. 物流技术，2021，40(6)

[3] 将铭，白语. 快递包装绿色转型之快递企业包装减量及绿色循环行动评价2021[R]. 摆脱塑缚，2022-03-28

[4] 国家邮政局. 2021年邮政行业发展统计公报[R].2022

汽车后备箱的节能奥秘

 推开那扇窗

小能的爸爸特别喜欢在车上准备每个家庭成员平时所需的东西，他认为有了这样充分的准备，每次出去就会很方便。可有一天，小能的同学聪聪发现了问题。

他搭乘小能爸爸的车回家，发现小能爸爸的后备箱有点乱。恰好此时收音机里传来了电台主持人谈论关于碳达峰、碳中和的话题，他号召大家共同行动，一起努力，共同建设绿色家园。聪聪说："叔叔，照主持人这么说，后备箱里少放东西是不是也会为碳中和做一点贡献呢？"这句话提醒了小能，他觉得这还真是个值得研究的问题。小能以前从来没把考虑周到的爸爸和不环保行为挂过钩，但听到聪聪的疑问，小能也觉得好像有道理。他也产生了很多疑问。

只有我家的后备箱有这么多东西吗？其他汽车后备箱会是怎样呢？

大家都在后备箱里放些什么东西？一般会放多长时间呢？

后备箱因为存放东西增加的重量，会不会真的影响到汽车的耗油，进而影响碳中和的进程呢？

人们有没有意识到这个问题？

翻开那本书

小能带着疑问去找了大源老师。

大源老师： 其实你用初中物理知识就可以解释，其他条件相同的情况下，重力越大，摩擦力就越大，这样汽车就需要更大的动力，因此消耗的能源也就更多。所以，后备箱东西过多会造成能源的消耗。不过具体消耗有多大？你们可以通过试验来获得实际数据，用数据说话，这才是科学的态度。

小能： 那我们这次研究的思路应该就是：通过对比试验，分析汽车后备箱增重对耗油的影响，同时通过碳排放计算公式计算出两者碳排放的量。如果确实差距比较大，那我们可以开展汽车减负活动，向人们宣传后备箱减负对减少碳排放的意义，唤起人们的低碳生活意识，使减少后备箱载重成为人们的日常行为习惯。

大源老师： 对，这个研究有试验、有数据，具有科学性；还可以用数据来说服人们改变不良的习惯，具有社会意义！建议你还可以再加一个前测环节，就是调查一下目前私家轿车后备箱的使用状况。还有，也可以查找一下国外对这件事情是否有研究和报道，我们也可以"站在巨人的肩膀上"分析问题。

绘出那幅图

小能把这个活动的方案进行了细化，他的研究流程大致如下：

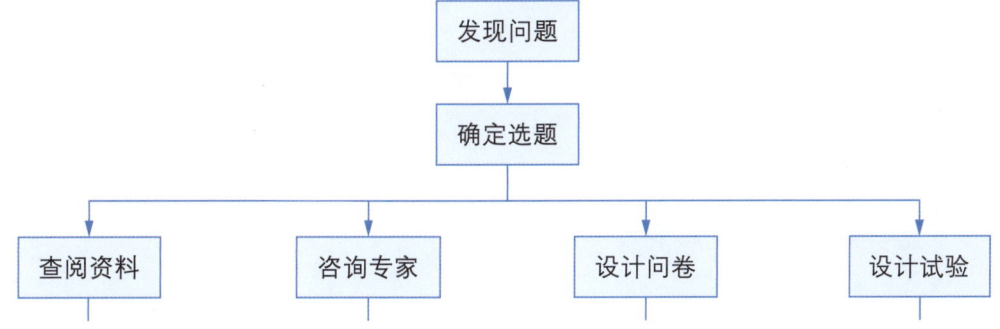

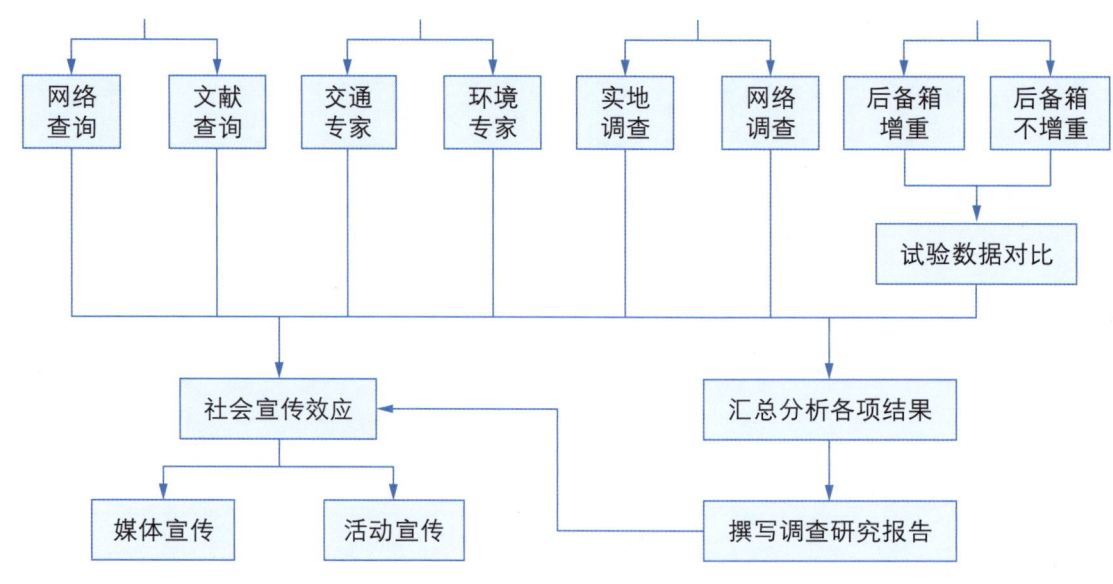

图11.1 研究流程图

具体研究计划如表11.1：

表11.1 研究计划

内容	目的、方法	计划时间	地点
提出问题	通过生活实例发现问题。	1个月	家中、出行途中
确定选题	与老师进行方案的初步讨论。	1个月	学校
查阅资料	查阅互联网、图书和杂志，积累资料。	2~3个月	图书馆、家中
设计问卷	设计调查问卷，并与老师一起讨论和修改。	1~2个月	学校、家中
调查问卷	汽车后备箱载重情况的实地调查和低碳宣传。	1~2个月	社区周边、交通运输部科学研究院、北京自然博物馆、随机调查……
咨询专家	了解私人轿车拥有量状况、汽车节能减排新方法、过度碳排放对环境的影响。	1个月	交通运输部科学研究院、北京自然博物馆
设计试验	开展"后备箱减负可以减少耗油"的对比试验，通过试验收集数据。	2~3个月	家中、车上
撰写论文	总结分析调查结果和数据，撰写论文。	1个月	家中

迈出那一步

私家车后备箱的载重调查

步骤1：查阅资料。

小能通过查阅资料，了解到私家轿车在城市交通碳排放中占比最大。据最新的统计数据显示，截至2021年末，全国民用汽车保有量30 151万辆，其中私家轿车保有量15 732万辆；北京市民用汽车614.3万辆，其中私人轿车294.1万辆。

汽车尾气中含有一氧化碳、二氧化碳、氮氧化物和碳氢化合物等。一氧化碳、氮氧化物和碳氢化合物不仅本身具有很强的毒性，而且可以相互作用，形成二次污染物。二氧化碳虽然不是污染物，也无法直接影响人体健康，但它是一种温室气体，也是造成温室效应的重要贡献者，对气候变化有一定影响。

从1906年到现在的100多年来，全球地表温度上升了0.74℃，如果地球的平均气温再上升1.5～2.5℃，20%～30%的动植物就会面临灭绝，我们人类赖以生存的环境将更加恶劣。二氧化碳从产生到消失要50～200年，近些年全世界碳排放增长速度惊人，如果我们不重视低碳生活，地球温度的变化会更加迅速。

步骤2：设计发放调查问卷。

关于家用汽车后备箱使用情况的调查问卷

您好！我是一名学生，正在参加关于"家用汽车后备箱使用情况"课题的社会调查。这份调查问卷是我根据课题需要设计而成，采用不记名填写方式，不会给您带来任何不良影响，希望能得到您的配合，协助填写问卷各项，谢谢配合！

一、个人基本情况
职业：
☐ 国家机关、企业、事业单位负责人
☐ 办事人员和有关人员
☐ 农、林、牧、渔、水利业生产人员
☐ 警察、军人　　☐ 专业技术人员
☐ 商业、服务业人员

▶ 家庭场景

☐ 生产、运输设备操作人员及有关人员
☐ 其他从业人员

年龄： ☐ 25岁以下 ☐ 26—30岁 ☐ 31—35岁 ☐ 36—40岁
　　　 ☐ 41—49岁 ☐ 50—59岁 ☐ 60岁以上

性别： ☐ 男   ☐ 女

家庭人口： ☐ 1人 ☐ 2人 ☐ 3人 ☐ 4人 ☐ 5人 ☐ 6人或以上

二、车辆情况

品　　牌：_____　　　购车年份：_____年

排量： ☐ 1L以下   ☐ 1.1—1.4L ☐ 1.5—1.6L ☐ 1.7—1.8L
　　　 ☐ 1.9—2.2L ☐ 2.3—2.9L ☐ 3.0—3.9L ☐ 4.0L以上

车　　型： ☐ 两箱   ☐ 三箱

主要用途： ☐ 上下班 ☐ 接送老人、子女 ☐ 购物代步 ☐ 工作需要
　　　　　 ☐ 休闲郊游

平均乘员： ☐ 1人 ☐ 2人 ☐ 3人 ☐ 4人 ☐ 5人或以上

三、后备箱使用情况：（单选）

1. 后备箱中是否有一些常用的物品？
☐ 肯定有   ☐ 有一些   ☐ 没什么东西   ☐ 没注意

2. 后备箱中是否有不常用的物品？
☐ 有很多   ☐ 有一些   ☐ 没什么东西   ☐ 没注意

3. 后备箱使用频率（每周）：
☐ 3次以下   ☐ 4—7次   ☐ 8—14次   ☐ 15—21次   ☐ 22次以上

a) 上次清理日期：
☐ 一周内   ☐ 一周前   ☐ 两周前   ☐ 一月前   ☐ 不记得了

b) 日常情况下您觉得现在的后备箱够用吗？
☐ 足够了   ☐ 正合适   ☐ 不够用   ☐ 不关心

c) 如果您有更大的后备箱，日常还会存放更多的物品吗？
☐ 会   ☐ 不会

4. 您对在后备箱中存放物品有什么看法？
☐ 后备箱，就是要放东西的，否则汽车就不设计它了。
☐ 与人、车的重量相比，后备箱的重量不足挂齿。
☐ 后备箱没有什么大用，完全可以取消后备箱。

☐ 后备箱中的物品会增加油耗，进而增加碳排放量，应当尽可能少放东西。

5. 您的后备箱里现有物品：_____

表11.2　后备箱物品统计表

物品名称	重量(kg)	放置时间				放置原因				使用频率			
		一周	两周	一个月	三个月以上	长期备用但很少用	经常使用	不常用但忘了取出	临时放置	每天使用	每周使用	每月使用	很少使用
饮用水													
食品													
雨伞													
书刊													
运动用品													
烧烤用具													
钓鱼用具													
服装鞋帽													
视听娱乐													
玩具													
其他生活用品													
礼品													
工作资料													
公司样品													
其他工作物品													
维修工具													

家庭场景

各种补液									
清洁用品									
新旧零件									
换季车饰									
其他汽车用品									

6. 您车辆的平均年行驶里程：_____千米；每百千米平均油耗：_____升

7. 您知道我们的车辆每增加45千克载重，油耗增加多少吗？
   □ 不知道　　　□ 知道，(　　　　　　)%

8. 您的车辆后备箱存放物品过多但又很难减少的原因是：_____。

感谢您的配合！祝您生活愉快！

步骤3：设计试验

表11.3　试验设计表

序号	试验方法	试验依据
1	选择一辆行驶路线、驾驶人相对固定的汽车	避免因路面状况和个人驾驶习惯不同对试验结果的影响
2	准备三箱等容量瓶装水	搬运和计算方便
2	整箱瓶装水经过地秤测重后，放入汽车后备箱	取值数据更加精确
4	选定一家离家最近的加油站固定加油	避免试验交替时路程对结果的影响
5	在加油站记录行使里程和加油量	保证记录数据的准确性
6	8次对比试验（4次增重、4次不增重）	多次试验可使试验数据更加精确
试验用具：家用轿车、三箱瓶装水（555ml×24瓶×3箱）、相机、地秤			
注：取值时需要考虑天气、路况等因素对试验结果的影响，以取平均值的方法进行定性分析；测算：汽车在不增重的状态下，耗油平均数为10.323升/百千米；以3箱矿泉水(45kg)增重状态下，耗油平均数为10.951升/百千米。增重状态比不增重状态每百千米平均增加耗油0.628升，多装载一箱矿泉水平均增加耗油0.209升。			

步骤4：试验数据记录、计算

表11.4 对比实验数据

车辆是否增重	行驶里程（千米）	加油量（升）	百千米耗油（升）
是	270.5	30.62	11.319
否	351.4	35.91	10.216
是	251.9	28.04	11.131
否	366.7	37.12	10.125
是	373.0	39.45	10.576
是	328.1	35.36	10.777
否	346.6	35.51	10.245
否	367.2	39.31	10.705

表11.5 装载一箱矿泉水每月增加费用

序号	内容摘要	百千米耗油（升）
1	装载一箱矿泉水增加耗油（24瓶，约15千克）	0.209升/百千米
2	假设车辆月行驶里程	2,000.00千米
3	装载一箱矿泉水每月增加耗油	4.18升
4	当前92号汽油价格	7.93元/升
5	装载一箱矿泉水每月增加费用	28.17元

表11.6 装载一箱矿泉水每月增加的二氧化碳排放量

序号	内容摘要	百千米耗油（升）
1	装载一箱矿泉水增加耗油（24瓶，约15千克）	0.209升/百千米
2	假设车辆月行驶里程	2,000.00千米
3	装载一箱矿泉水每月增加耗油	4.18升
4	车用汽油的二氧化碳排放量	2.5千克/升
5	装载一箱矿泉水每月增加二氧化碳排放量	10.45千克

家庭场景

 说出那故事

通过一段时间的课题调查研究，小能不仅收获了很多在课内没有学到的知识，也明白了许多道理。

比如，为了保证调查研究的顺利进行，小能需要在网上查阅很多资料，了解和汽车后备箱载重相关的信息和知识。有一段时间，小能觉得资料已经查询够多了，不想再进行下去，可老师依然告诉他需要更多的信息支持，小能开始不理解为什么要查那么多资料。后来的一天晚上，他突然搜到了一篇题为"法国人忙着清理后备箱"的文章。读完之后发现，"汽车后备箱减负"不仅仅是一个城市、一个国家关注的问题，甚至还是一个全球关注的问题呢！所以说，一个小小的科研项目，也许它的目标并不宏大，但只要能认真、科学地做下去，其实是非常有价值的！

另外，小能认识到了合作的重要性。小能利用环保组公开课的机会，向老师和同学们宣传低碳生活，并介绍了他的课题，没想到老师和同学们都非常支持，希望能够加入进来。在老师的安排下，第二个周末的公共活动课上，他和同学们一起在学校周边进行了将近四个小时的低碳宣传和问卷调查活动，小组的每一位同学都非常认真、尽力，正所谓"同心山成玉，协力土变金"，一个下午的时间就完成了课题三分之一的调查问卷。

讨论、调查、试验、宣传、撰写论文……课题研究过程持续了将近一年的时间。当实地调查时被人拒绝的尴尬、烈日下进行增重对比试验的辛苦、统计问卷时的繁琐、撰写研究报告时的多次修改……接连不断的困难来临时，小能也有气馁的时候。但是，在老师和家人的鼓励下，在专家和同学们的帮助下，在多数车主叔叔和阿姨的支持下，他和同伴们坚持了下来，这让小能和同学们更懂得研究过程的艰辛。

 跨过那座山

大源老师建议小能和同学们把研究范围继续扩大，因为汽车上的节能远不止后备箱的问题，比如夏季防晒罩的使用与否、车辆颜色的选用、开车习惯等，都可以对其进行更深入的对比研究。

小能结合研究中的发现，提出另外一个问题，那就是"后备箱里是否需要收纳箱？怎么放置必要物品才是最合理、最节能的，如何在这两者之间找到平衡点"。因为在调查中他们发现，很多家庭用车的后备箱里选用了特别沉的收纳箱，这是为了显得整洁。可是那些东西看起来就特别沉，不知道车主用和不用它们的区别有多大。所以小能决定继续做对比试验。

图11.2 不同种类的车用收纳箱

献出那份爱

大源老师鼓励小能借这次调查研究，向全区、甚至是全市的中小学生提出倡议，让他们提醒家长减轻自家车后备箱的负重，这样影响力会更大，让大家为节能减排做出更多的贡献。小能和同学们做出了后备箱减负的倡议书，内容如下：

给全国中小学生的"后备箱减负"倡议书

全国的少年朋友们：

通过几个月的调查走访，我发现很多家用车辆后备箱都存放着或多或少不必要的物品，这些多余载重不但费油，还增加了汽车的碳排放。为了节约能源，减少碳排放，我倡议同学们从今天起，一起关注后备箱，为汽车后备箱减负。

一、做我们自己能做的：

1. 把自己的"小家"搬出来：拿走自己的课外书和杂志，备用的零食带回家，不存放篮球、足球和玩具。

2. 比爸爸妈妈早出门几分钟，检查一下后备箱，把不经常用到的东西拿回家。

3. 经常向周围的车主宣传后备箱减负、低碳环保的好处。

二、经常提醒爸爸妈妈：

1. 把整箱的水放家里，每次出门只带当天必需的饮用水。汽车后备箱存放一箱饮用水，每行驶一个月平均多耗费的汽油，比饮用水的价钱还要高，同时喝存放过久的水也对健康不利。

2. 换季座套拆下后及时清洗并存放家中。如果存放在后备箱，不但会增加车的负重，也会滋生很多细菌。

3.不要把水果、食品存放在后备箱。因为它们不但会增加汽车的负重,而且如果是在夏季,由于车厢内气温高,水果、食品等还容易变质。

4.减掉后备箱里的塑料整理箱。东西放在里面感觉很整洁,不常用和多余的"藏品"会在里面越积越多。

5.工作资料用多少带多少,不存放多余的和不常用的资料。

6.如果不长途出行,每次加油不要把油箱装满,加半箱油可以减轻汽车十几千克的负重。

三、每个周末和爸爸妈妈一起,清理后备箱中的不常用物品。

通过这个倡议,希望大家能够意识到:后备箱是存放涉及交通安全的必需品和临时物品的,不是游乐园,不是图书室,不是储物柜,更不是移动办公室。不管家里有没有汽车,都请加入到我们宣传环保的队伍中来,为汽车后备箱减负,做自己可以做到的事情。为了我们共同的生存环境,一起努力。

参考文献:

[1] 郝大海.社会调查研究方法[M].北京:中国人民大学出版社,2009.

[2](英)大卫·德·罗斯切尔德.全球变暖生存手册——77个阻止全球变暖的方法[M].瞿莹,译.上海:上海交通大学出版社,2009.

[3](美)阿尔·戈尔.环保志愿者,译.难以忽视的真相[M].长沙:湖南科学技术出版社,2007.

[4] 中华人民共和国科学技术部.全民节能减排手册——36项日常生活行为节能减排潜力量化指标.2007.

你真的需要餐桌布吗？
——探讨餐桌布的使用与节能减排的关系

 **推开那扇窗**

小能一家人在餐厅吃饭时，看到餐桌是明亮的、木质的，小能很喜欢这样的餐桌。同时，小能看到有些餐厅用的是桌布，饭后，桌布上经常是污渍斑斑，令人作呕。

小能： 妈妈，为什么有的餐厅要用桌布，而有的餐厅就不用桌布呢？

妈妈： 你居然能注意到这个问题，让我想想，可能是一为美观，二为保护餐桌，三为便于清理和收拾桌面。

小能： 小时候，家长和老师们就经常教育我们要节水、节电、节粮、节纸等，那如果每餐都需要使用一张新的桌布，全世界那么多餐厅，这得消耗多少桌布、电、洗涤剂和水啊！

社会场景

小能提出一些问题：

这些用过的桌布是不是在每桌客人用餐后都要清洗？

这些桌布是餐厅自己洗吗？他们在哪里洗？怎么洗呢？

用桌布与不用桌布到底哪种方式好？

这些桌布是用什么材料制作的？

桌布是怎样生产的？是否会耗能？

餐桌布的使用寿命是多长？桌布是否可以回收？

一块小小的餐桌布到底能带来多大的环境问题？

带着这些问题，小能开始了一次绿色之旅。

为了解全国餐饮行业的发展情况，小能查阅了一些资料。

资料卡

《2021年中国餐饮大数据白皮书》数据显示：截至2021年，全国已有餐饮网点960多万个，餐饮零售总额达46 895亿元，这样巨大的餐饮数字从另一方面告诉我们：未来，餐馆会有数量巨大的餐桌布被使用，而清洗它们会消耗大量的水和洗涤剂。

小能还了解到我们日常接触到的几乎所有物品，都像有生命的生物一样，有着其不同的"生命周期"。例如，每一件普通的衣服都有"从原材料生成开始，到对其进行废弃处置为止"的全生命周期（见图12.1）。在制造、运输、使用及处置的整个过程中都会有能量的消耗，并产生碳排放。从它的

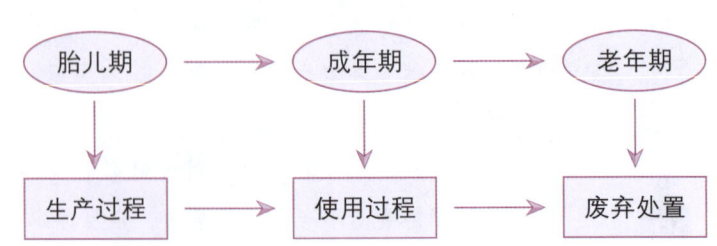

图12.1 物品全生命周期示意图

生命周期一开始就对环境的资源进行了无情的攫取，不仅会消耗资源，而且存在环保问题。

以化纤餐桌布为例，其从原料到使用再到废弃，期间需要耗费大量的石油、水、电，并产生系列污染物。（见图12.2）

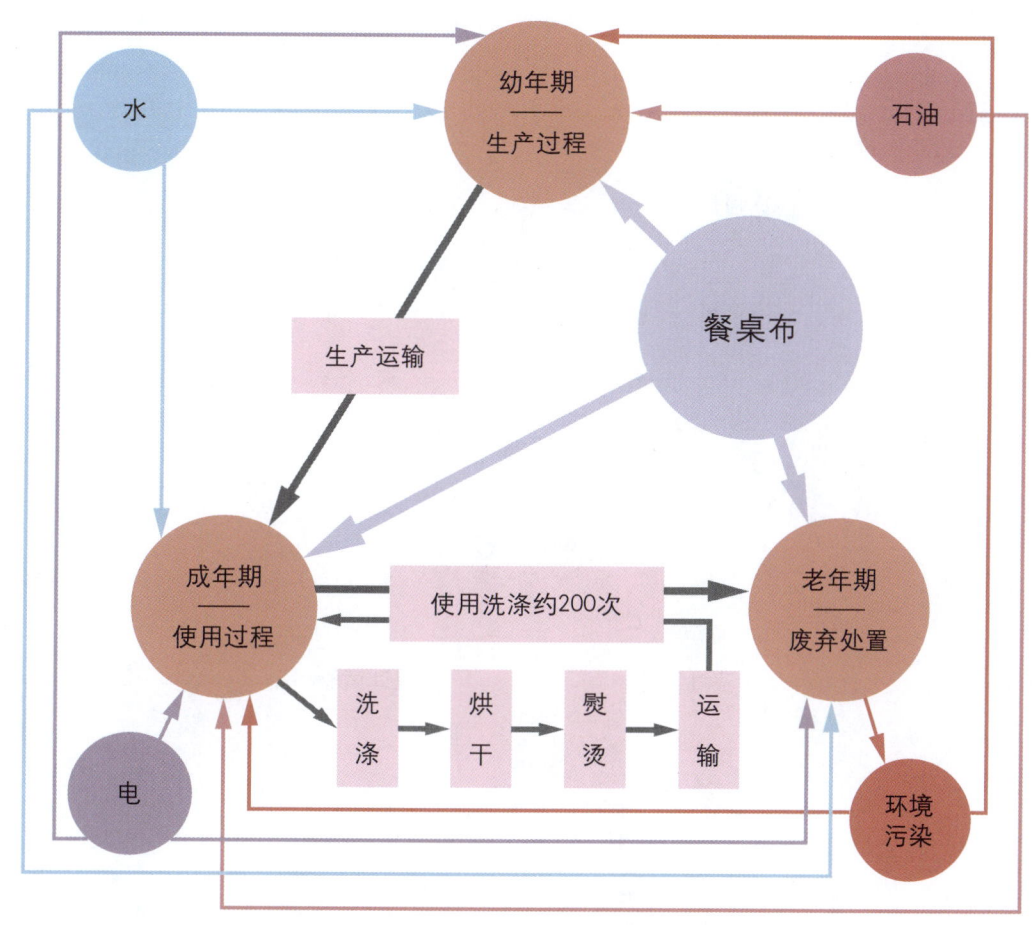

图12.2　化纤布全生命周期示意图

在学校，小能找到大源老师，汇报了自己的问题及初步查阅的结果，希望得到他的指点。

> **大源老师：** 你能关注到这个问题非常好，不过老师希望你在关注餐桌布与节能减排的同时，也能关注到餐桌布背后的社会意义。你想想，餐桌布本质上是为人服务的，所以你是不是也应该关注餐桌布的使用情况，不同材质餐桌布的使用体验，餐桌布生产、运输、使用、用后处理等全流程所耗费的能源以及哪些环节可能产生污染等问题。同时老师希望你能够以地球主人翁心态为我们的社会提一些建议和方法，减少餐桌布使用带来的不利影响。你可以通过查阅文献、社会调查、商家访谈、发放问卷等多种形式了解：商家为什么使用餐桌布？以及哪些商家在使

社会场景

用哪类餐桌布？中国餐饮网点数量、类型多样，你调查的时候应注意尽可能扩充样本的数量。

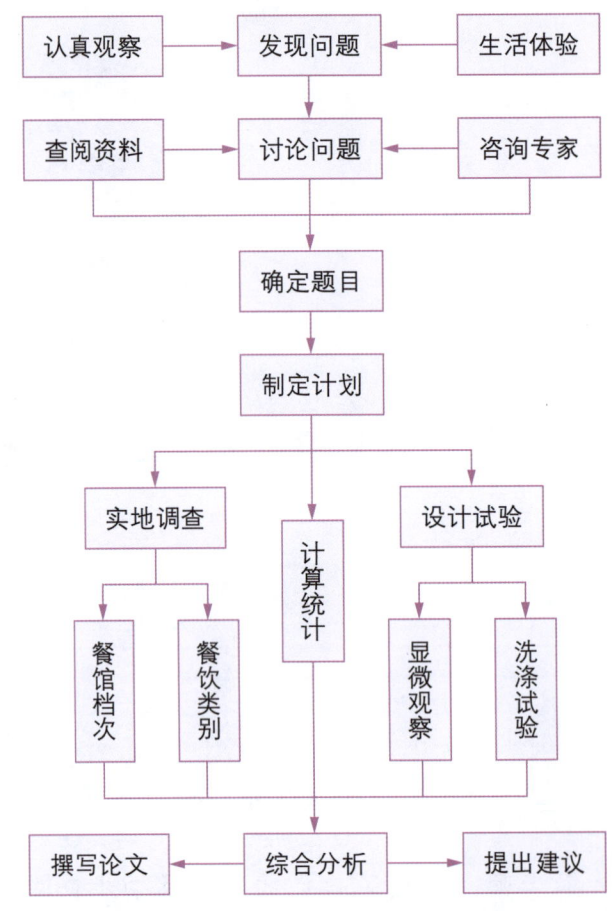

图12.3 餐桌布使用调查活动流程示意图

餐厅餐桌布的使用情况调查

▶ 步骤1：餐厅分类。

第一，餐馆分类和分档；

为了更详细调查了解餐厅餐桌布的使用情况，小熊决定进行实地考察。由于餐饮企业类型、档次多样，餐厅类型和档次不同，餐桌布的使用情况可能就不一样，所以对不同类型和不同档次餐厅分别进行实地调查。

在走访调查前，我们先要对餐馆类型和档次进行了解，比如餐馆类别有：中餐、西餐、日餐等，按照人均消费为标准还可以划分为高、中、低档和快餐（见表12.1），按照这样的划分，我们可以设计表格（见表12.2），然后开始走访调查。

表12.1 餐厅档次划分标准

餐馆档次	豪华	高档	中档	低档	快餐
人均消费(元)	大于1000	500—1000	100—500	50—100	10—50

表12.2 调查不同档次不同类别餐厅的数量

数量(个) \ 类别 档次	中餐	西餐	日餐	合计
豪华				
高档				
中档				
低档				
快餐				
总计				

第二，结合以上统计，在我们生活的区域选取具体餐厅（见表12.3）。

表12.3 不同档次餐厅的基本情况及选择依据

编号	餐馆名称	餐馆地点	选择依据
G1	某酒店	钓鱼台	具有示范效应
……			
G8			
Z1	某饭店	三里河	百强餐饮

社会场景

……			
Z10			
D1	某餐馆	月坛	最普遍的大众菜
……			
D8			
K1	某餐厅	复兴门	中餐快餐最大连锁
……			
K6			

注：G：高档；Z：中档；D：低档；K：快餐

步骤2：实地调查。

第一，设计问卷（见表12.4）；

表12.4　研究调查表

调查内容	答案选项
1.餐饮种类	A.中餐　　B.西餐　　C.日餐
2.消费档次（按人均消费）	A.豪华 大于1000元　B.高档 500-1000元　C.中档 100-500元 D.低档 50-100元　E.大众化50元以下（快餐）
3.桌布使用情况	A.有　　B.无
4.桌布颜色	A.白色　　B.彩色
5.桌布材质	A.纯棉　　B.化纤
6.是否分餐	A.是　　B.否
7.餐后是否换桌布	A.是　　B.否　　　　备注：弄脏原因
8.桌布洗涤情况	A.自洗　　B.外包洗
9.桌面材质	A.木质　　B.石材　　C.复合材料　　D.仿皮　　E.底布包裹
10.餐厅桌数（桌）	A.40-50　　B.50-80　　C.80-100　　D.100以上

大源老师提示：如果设计成电子问卷的形式，统计会更加高效。

第二，分小组，熟悉问卷，明确要求；

大源老师提示：这个过程工作量庞大，我们在做类似调查统计的时候要组建小团队，而且为了安全，大家分组调查的过程中要结伴而行，避免单独行动。

第三，实地调查。

到实际考察点后，使用调查表，自行观察或者向餐厅经理说明来意，在不妨碍餐厅正常营业的前提下，对餐厅经理进行访谈。

步骤3：调查结果可视化。

完成调查后，通过直观图表方式，呈现团队调查结果。

步骤4：调查结果分析。

通过数据，我们发现了一个现象：不同类型的餐厅使用桌布情况大相径庭，中餐居多。18家中餐厅使用桌布的有13家，大约占到72%，7家西餐厅仅有2家使用桌布，约占28%，7家日餐厅没有一家使用桌布。

餐厅是否使用桌布，可能与当地的传统习惯有关，比如欧洲传统上习惯使用餐桌布；也与餐桌质地有关，如日餐厅多使用木质餐桌，就餐时客人更愿意感受自然的气息；还与当地人对就餐环境的认知有关，如使用餐桌布更显环境优雅；还有和本地人的用餐方式有关，如是否分餐等多种因素。

餐厅使用的桌布材质不一样，有纯棉布、化纤布、塑料等，而棉布和化纤不容易分辨。辨认棉布和化纤餐桌布时，可以用手摸，也就是运用触感来辨别，除此还可以通过辨别强度或者燃烧气味等方式进行区分，也可以通过试验鉴别。

试验步骤：

第一，分别剪取纯棉餐桌布和化纤餐桌布各一小块，待用；

第二，将点燃的酒精放于左手边，带石棉网的三角铁架放于右手边；

第三，用坩埚钳夹住一块待用桌布在酒精灯上点燃后立即移至石棉网上，观察燃烧过程；

第四，用招气入鼻法闻燃烧的气味，待燃烧残留物冷却至室温后用手捻一下，体会焦渣的感觉，并记录结果（见表12.5）。

表12.5 餐桌布面料辨别试验结果

分类	试验现象	气味	焦渣
纯棉			

化纤			

注意：本试验涉及燃烧，具有一定的危险性，请务必在专业实验室、在专业人员指导下完成。

资料卡

植物棉在燃烧时不缩、不熔，容易燃烧，气味有点烧纸的感觉，焦渣松散、易碾碎；而化纤接近火焰时易缩、会熔，很容易燃烧，燃烧时可拉出丝，火苗很大，黑烟很大，气味呛人，很难闻，焦渣呈颗粒状，用手很难碾碎。

餐桌布耐脏性试验

从调查结果来看，使用化纤餐桌布的餐厅数量更多。因为对于餐桌布的选择，商家需要考虑的因素有很多，如价格、耐用性、耐脏性等。棉布的原料来自棉花，种植棉花的过程需要大量的人力，还需要适宜的气候、土壤和水等自然条件。而化纤是在工厂通过机器生产的，可以大规模生产。因此，棉质餐桌布的价格要高于化纤餐桌布。同时，这两种材料的耐脏性也不一样。

▶▶ **步骤1：餐桌布及污渍程度选择。**

选择不同材质的餐桌布，沾染特定类型的污渍，以同等条件清洗，观察不同餐桌布的耐脏性，推算不同餐桌布在使用过程中造成的能源消耗及环境污染。

表12.6　试验用桌布材料的选样(规格为465mm×475mm)

编号	材质	颜色	选样依据	价格(元)
M：1—12	纯棉	白色	高档餐厅选用最多	20—50
H：1—12	化纤	白色	为了与纯棉对比	10—30
HC：1—12	化纤	彩色	中、低档餐厅选用最多	10—30
JHC	旧的化纤	彩色	将被淘汰的桌布	——

注：M：白色纯棉；H：白色化纤；HC：彩色化纤；JHC：彩色旧化纤

表12.7 试验用污渍材料的选样

编号	名称	选样依据
W1	红酒	最难洗的可氧化污渍
W2	红茶	色素较重的可氧化污渍
W3	辣椒油	常见复合型碱溶性+可氧化性污渍
W4	口红	常见溶剂性污渍
W5	酱油	较常见液体可氧化污渍
W6	蓝莓汁	饮料可氧化污渍
W7	番茄酱	西餐常见固体污渍可氧化污渍
W8	豆瓣酱	中餐常见固体污渍、色素重的可氧化性污渍
W9	油咖喱	复合型固体污渍碱溶性+可氧化性污渍
W10	红烧肉汁	非常见液体复合型碱溶性+可氧化性污渍
备注		根据《酒店洗衣房培训手册》中有关餐桌布按污渍去除方法分类的知识，分别选择每一类的代表性污渍。

W：污渍

步骤2：洗涤操作。

第一，取10种污渍样品，分别用滴管滴在不同的样品桌布上，再将10种污渍样品滴在同一个桌布上，将被污染的桌布放置12小时后，待用；

第二，用托盘天平称取20g洗衣粉，再用大烧杯量取8L自来水，配制成2.5 g/L的洗衣粉溶液，倒入洗衣机待用；

第三，将放置12小时后的纯白化纤桌布放入洗衣机进行洗涤，每隔30秒钟查看一次，到至少有一块被洗净为止，记录洗涤情况；

第四，重复第二步操作，将放置12小时后的彩色化纤桌布放入洗衣机进行洗涤，每隔30秒钟查看一次，到至少有一块被洗净为止，记录洗涤情况；

第五，重复第二步操作，将放置12小时后的纯白纯棉桌布放入洗衣机进行洗涤，每隔30秒钟查看一次，到至少有一块被洗净为止，记录洗涤情况；

第六，将污染后放置12小时的桌布放在电子显微镜下，观察污渍在各种布料里的嵌插情况，并拍照。结果记录如下（见表12.8）。

社会场景

表12.8 不同面料污渍洗涤结果

洗涤结果 \ 时间 样品类型	半分钟	1分钟	2分钟	4分钟
白色纯棉				
白色化纤				
彩色化纤				

步骤3：结果分析。

桌布的使用过程要经过反复的洗涤、烘干、熨烫等多种工序来重复使用。白色纯棉的桌布洗涤2分钟后就花了，并且更脏了。在电子显微镜下观察污渍在不同桌布上的嵌插情况（见图12.4，图12.5），可以看到化纤桌布上污渍排列比较整齐，而纯棉桌布上污渍排列凌乱，因此化纤桌布容易清洗，而纯棉的不容易清洗，经常越洗越花。化纤桌布上的污渍在1分钟内就可以清洗干净，而纯棉桌布则需要更长时间、更多的水和电等，所以化纤桌布在清洗环节消耗的资源以及对环境造成的污染相对少一些。

图12.4 化纤桌布上肉汁

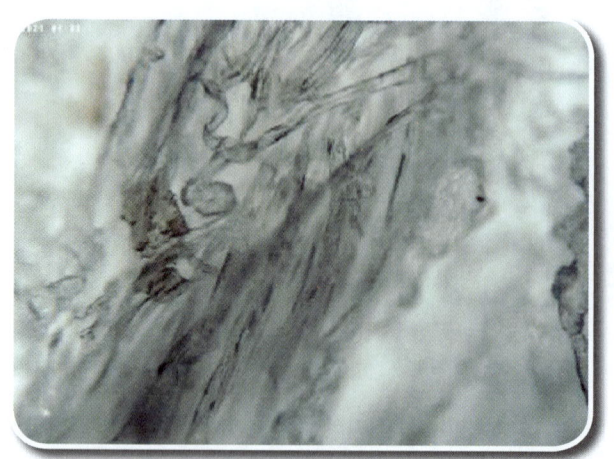

图12.5 纯棉桌布上肉汁

碳排放计算

餐桌布每天要被清洗的数量巨大，再加上这些餐桌布的生产过程也十分耗能，为了推算其耗费的能源以及碳排量，根据相关资料（见表12.9）进行推算。

表12.9 一块餐桌布在不同阶段的碳排量和耗电量

数值 样品 项目	纯棉			化纤		
	生产期	使用期	总量	生产期	使用期	总量
生命周期碳排放量(kg)	6	19.2	25.2	10.81	82.61	93.42
年碳排放量(kg)		75.6			160.15	
生命周期耗电量(度)	26	83.5	109.5	47	359.2	406.2
年耗电量(度)		328.7			696	

由表格可知，化纤材料的餐桌布因为要从石油中加工提炼，其能耗和碳排放比纯棉餐桌布多，虽然清洁相对简单，但从节能环保这一层面却远不如纯棉餐桌布。

资料卡

全国一天洗涤桌布总量约为960万×10%×60%×10×1=576万（按全国960万家餐饮企业10%餐厅使用餐桌布，其中60%的餐厅使用化纤餐桌布，每家餐厅10桌，每天洗涤1次计算），一台30千克工业洗衣机，采用3kW电机，即每开动1小时耗电量为3度，1度电对应的碳排放平均是0.785kg，一张餐桌布平均重量按照100g计算，由此可得到全国化纤桌布的年碳排放和年耗电量（见表12.10）。

表12.10 全国使用化纤桌布的年碳排放和年耗电量

项目	数值
全国年二氧化碳排放量(吨)	
全国年耗电量(度)	

表12.10只反映出化纤餐桌布的耗电和排碳量，如果加上棉布餐桌布的耗电和排放量，全国每年因为餐桌布的使用而需要耗费的电和排放的二氧化碳将更多。这还没有算上每日洗涤过程中洗涤剂的使用、烘干、熨平和运输而产生的能源消耗以及碳排放。

社会场景

说出那故事

小能： 通过调查、试验，我基本了解了现在餐饮业的规模和餐桌布的使用情况、优缺点、耗能和污染问题等，结果真的是触目惊心。

在整个调查和实验过程中，我确实学习到了很多知识和方法，比如：每一个行业都有其专业术语，在百度上搜索时注意使用术语关键词，文章中常用"台布"这个词，我们就可以用"台布"去搜索，如果搜索不满意，就继续仔细阅读文章，看看是否还有其他术语关键词，如"布草"这个词，我们后来按照"布草"去查询就会有更多收获。另外，当我要去选购试验样品时，经过咨询业内人士顺利找到了"酒店布草"专卖店。但如果习惯性地去商店购买一般桌布，那买到的多数是家庭常用桌布，而不是营业餐厅用的桌布。最后，通过研究我感到，养成节约的习惯很重要。节约看起来是"小事"，节省一滴水、一度电，是每个人的举手之劳；但节约又是大事，作为14亿人口大国的一分子，一个人的点滴节约放大到"全国总量"，就是一个天文数字。这也是这次研究给我最重要的启示。

跨过那座山

小能： 餐桌布的研究告一段落了，但在研究过程中，我发现棉布、化纤其实在生活中的用途还是很广泛的。

大源老师： 你观察得很仔细，我们在日常生活中也经常会使用棉布、化纤制成的物品，如衣服、裤子、窗帘等。

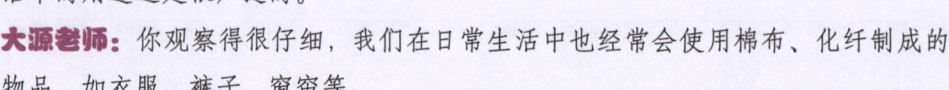

小能： 对呀！老师，我们家里每天洗很多衣服，这和餐桌布的清洗同理，其实大可不必每天都洗衣服，把累积两天的衣服一起洗，节水的同时还节能。另外，家里每个人的衣服太多了，很多衣服穿一次就不再穿了，其实这也是一种能源的浪费，同时还增加了碳排放。

大源老师： 确实是这样的。我们以一件250克纯棉T恤为例，其生命周期也是伴随着能源消耗、碳排放和污染物排放等过程。所以你刚想到的措施都是非常得当的。关于衣服"穿一次就丢弃"这个问题，咱们学校就有一个专门回收旧衣服的学生社团，叫"衣衣不舍"，你可以参与其中，为旧衣服的回收做努力。这样做可以让旧衣服寻找到更加需要它们的人群，你们也可以将旧衣服剪碎制成拖布、棉被或门帘，以实现其二次利用。要知道，每循环使用1千克废旧衣物，可以减少3.6千克的二氧化碳排放量，节约6000升的工业用水，减少0.3千克化肥和0.2千克农药的使用量。

通过这次活动,小能对纺织品的认识更深入了,也更深刻感觉到自己平时的很多生活方式还有可改进的地方。大源老师也希望小能将自己的研究和认识能够宣传出去,影响更多的人,让大家提升节能环保意识,于是小能的建议书诞生了。

建议书

节约是中华民族的美德,是我们必须继承的传统。"克勤于邦,克俭于家","俭,德之共也;侈,恶之大也""勿以恶小而为之,勿以善小而不为",这些充满哲理的格言警句,记录和传达着中华民族的传统美德。今天,我们大力提倡节能减排,就是对这种美德的继承和延续。

人要生存就需要吃饭、穿衣、居住和出行,这就是消费。这些看似简单又总在重复的行为实际上并不简单。消费可被分为维持生存性的、满足舒适性的和追求奢侈性的三大类。为了人类共同的生态环境,我们应该节制消费,减少一切不必要的消耗。餐厅的档次不一定显现在桌布上,餐桌布这种非必须的消费品,我们完全可以不用,这样不仅可以节省大量的水、电、石油资源,减少碳排量,还可以减少对环境的污染,从而对节能减排及环境保护尽自己的一点微薄力量。衣服和桌布相似,用后处理相当困难,采用燃烧方法处理,不但会产生大量烟尘,而且有难闻的刺激性气味,严重污染大气。

我们要改变生活方式和消费观念,以环保、生态的理念约束自己,健康文明地生活。我国作为人口大国,如果把点滴节约放大到"全国总量",就是一个天文数字。人人浪费,积羽也会沉舟;个个节约,滴水亦能成河。

因此,我们建议:

1. 餐厅应通过美化桌面和周围环境来提高档次,吸引顾客,尽量减少餐桌布的使用,以减少废物排放和资源浪费。

2. 消费者应以环保、生态的理念约束自己的消费,减少浪费,健康文明地生活。在外用餐尽量采用分餐制,既健康又环保。不能分餐时,要注意少量取菜,尽量避免弄脏桌布,以减少餐桌布的洗涤次数。

3. 媒体应减少宣传"使用桌布带来好处"的相关内容,多从资源消耗的角度做出宣传,继承发扬中华民族节约的传统美德,在自己消费享受时也要想着让环境同样舒适。

给城市外墙披上"绿毛毯"

 推开那扇窗

这个暑假期间,小能和家人从北京去了南方游玩。行车途中,南方城市中一片片被绿色包裹的建筑涌入小能的视野中,第一次见到建筑的屋顶上郁郁葱葱的景象,让从北京来旅行的小能感到惊奇和赞叹,小能看入了迷,并产生一些疑问:

为什么这里的墙面和屋顶都覆盖着绿色的植被呢?
这样不会挡住窗户的光线,增加屋顶的积水,给居住在其中的人带来不便吗?
夏季天气炎热,现在给屋子"穿上衣服"了,难道不会更热吗?
这么多建筑都是这样设计的,是不是其中有一些我不知道的"奥秘"?

家人： 关于这个问题，我知道一些。植被有遮阴、降低温度以及增加湿度等生态功能，城市中矗立在道路旁的行道树，为行人提供了休憩的空间，同时也能滞尘并净化空气。

但是小能还是疑惑：

在建筑上覆盖大面积的植被，真的能够起到降温增湿，进而节约空调等室内电量消耗吗？

节约电能的效果明显吗？

这种设计还有什么优势？

北方的城市为什么较少采用这种方法，它是否能被我们借鉴和采用呢？

 **翻开那本书**

在旅途中，小能借助网络查阅资料，搜索"绿色墙面""屋顶绿化"等关键词，在搜索结果中看到很多相关的新闻和文章。通过浏览这些文章小能知道了，这种建筑覆盖植被的形式有个名称——立体绿化，也有一些城市用"生态墙"来描述这种场景，联系实际的场景，这些词语确实生动形象！

 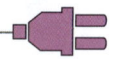

资料卡

立体绿化：指充分利用不同的立体条件，选择攀援植物及其他植物栽植并依附或者铺贴于各种构筑物及其他空间结构上的绿化方式，包括立交桥、建筑墙面、坡面、河道堤岸、屋顶、门庭、花架、棚架、阳台、廊、柱、栅栏、枯树及各种假山与建筑设施上的绿化。

立体绿化有节能的作用吗？小能又加入了关键字"能源"和"节能"进行调查，查阅的结果让他非常兴奋。

 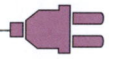

资料卡

办公建筑能耗现状：公共建筑多采用集中空调且照明强度大，建筑能耗较大。办公建筑是公共建筑的一种主要用途。玻璃得热在建筑围护结构得热中所占比例极大，因此，在使用大面积玻璃幕墙增加外立面美观效果和强化室内采光效果的同时，空调制冷和采暖能耗也大大增加。

社会场景

立体绿化包括垂直绿化和屋顶绿化等，节能效果显著：一是，屋顶绿化可以降低热岛效应，有利于节约空调使用，进而节省用电；二是屋顶绿化可以吸尘降噪，有利于节能减排；三是屋顶绿化可以节省土地成本，这是在城市中心区增加绿地最廉价的一种方式，而且在这些地方还可以种蔬菜和水果，这样既能产生生态效益，又能产生经济效益。

力量博士： 更加详细的立体绿化功能的发展历史，请参考番外篇【23】。

查阅这些资料后，小能更加明确了城市建筑外表的这层"绿色外套"，不仅是城市一道风景线，更是立体的绿化技术在经济和生态上为人类做出的贡献。但是他仍然不确定立体绿化有多少节能的效果。如果真的有效，那么能否在学校里使用呢？假期结束后，小能带着这个想法和查阅的资料回到校园，找到了大源老师。

小能： 大源老师，我在南方游览时发现当地很多建筑物外表有绿色植被覆盖，美观的同时，也有节能的效果。我十分惊叹这种与自然和谐相处、节约能源的做法！

大源老师： 没错，其实很多的中学校园这几年也开展了校园立体绿化的尝试。

济南市某中学的墙面绿化　　　　　上海市某中学的屋顶绿化

图13.1　校园墙面绿化与屋顶绿化实例

小能： 但是我很疑惑，除了美观，它的节能效果到底有多少，如果真的节能效果明显，那咱们校园是不是也可以开展立体绿化来进行节能呢？

大源老师： 你的想法太棒了！至于效果，你旅行当中有没有亲身的体验呢？

小能： 我还真简单记录了室内的温度和室外温度，在不开空调的时候，室内也确实阴凉一些。但是我认为这样的记录不严谨，因为我并不清楚这些绿色的植物到底起到多大的作用，而且也不知道没有绿植覆盖的场景下，室温会升高多少。

大源老师： 那正好，我们可以在校园里设计绿色植物覆盖的景观，然后进行实验和记录。你可以叫上你的小伙伴，我们一起来动手试试！

小能： 好的，大源老师，那我和同学们这就着手制定研究方案。

看一看
展开调查,北京市是否有区域存在或者正在开展立体绿化?
· 网络调查
· 访谈调查

做一做
设计实验,布置校园立体绿化,并调查和记录节能效果。
· 实验设计
· 观察设计

想一想
总结展示,结合结果展开相关思考和讨论。
· 成果展示
· 地图与报告

图13.2 "给城市外墙披上绿毛毯"活动流程图

查阅资料和实地走访

» 步骤1:设计观察记录表。

表13.1 观察记录表

北京市的立体绿化调查				
建筑地点		立体绿化存在的时长		
被访谈人		被访谈人与建筑的关联		
访谈人		记录人		
内容 问题1:立体绿化采用的植物类型。 回答:				

社会场景

问题2：立体绿化对生活的影响。

回答：

……

内容总结及发现的问题：

足迹标注：

在城市道路底图上，标注你发现立体绿化建筑的位置，看看在空间分布等方面有没有什么新的发现。

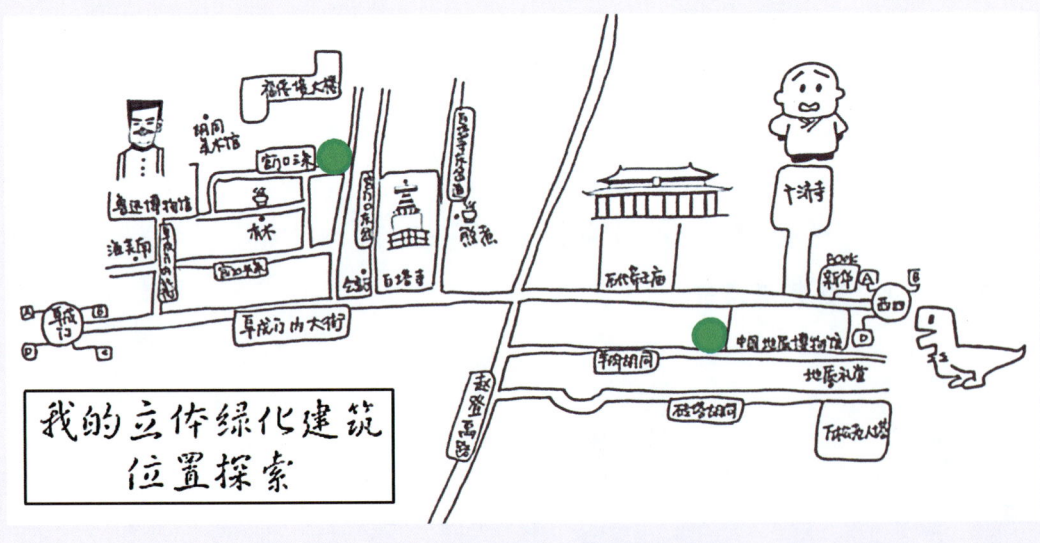

图13.3　街道或社区简图示例

>> 步骤2：利用地图设计考察路线，标注出考察点位。

>> 步骤3：按照设计好的路线进行实地考察并做观察记录。

通过实地调查和访谈，小能和同学们发现北京城有很多墙面的绿化——"立体绿化"，所以大家觉得在学校里开展实验应该是可行的。

大源老师提示同学们，学校里有器材，也有建筑和空白的屋顶，要想进行有效的实验，应该先制定实验计划，然后依据计划开展实验。

校园对比实验

> 步骤1：选取使用仪器。

仪器包括：温度计和湿度计。

> 步骤2：选取适宜的植物。

小能同学选择了北京常见的爬墙虎。理由是：爬墙虎生长速度快，在校园中也会显得比较美观。

力量博士： 立体绿化中的常见植物和选取原因，请参考番外篇【24】。

> 步骤3：设计对比方案。

设计目的：测量种植和没有种植爬墙虎对室内温度的影响。

小能同学用示意图的形式展示了对比方案。（见图13.4）

> 步骤4：选取观察地点。（见图13.4）

裸屋顶的普通楼房建筑（空白对照①）；

在校园中选择一个空白的屋顶覆盖草皮；

房屋结构、建筑材料和朝向相同的两个墙面（空白对照③）；

在一个墙面种植爬墙虎，另一个墙面保持空白。

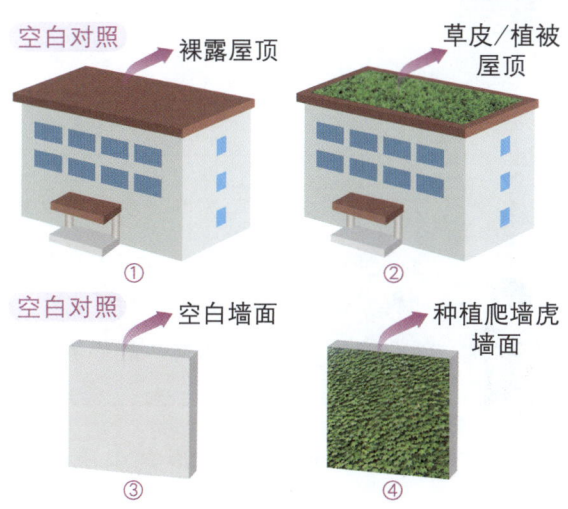

图13.4 实验地点和对照设计示意图
（可按照示意图优化）

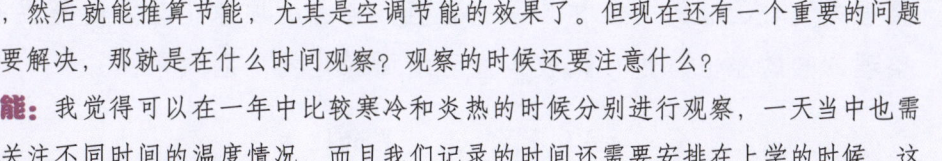

大源老师： 确定实验地点后，我们可以清楚地比较出绿色植物对温度和湿度的作用，然后就能推算节能，尤其是空调节能的效果了。但现在还有一个重要的问题需要解决，那就是在什么时间观察？观察的时候还要注意什么？

小能： 我觉得可以在一年中比较寒冷和炎热的时候分别进行观察，一天当中也需要关注不同时间的温度情况，而且我们记录的时间还需要安排在上学的时候，这样方便我们进行观察记录。

> 步骤5：确定观察时间。

12月和6月（冬季和夏季在校期间），在10天内每一天中的6:00、12:00和18:00三个时刻，记录气温和湿度。

大源老师： 为了方便记录，制定了实验方案后，同学们还应再设计一个记录表格。

步骤6：设计观察记录表。

记录的位置：①裸屋顶外的表面温度；②裸屋顶建筑内的温度；③覆盖草皮外表面的温度；④覆盖草皮建筑内的温度；⑤空白外墙壁的温度；⑥绿化外墙壁的温度。

表13.2　校内实验观察记录表

时间	天气状况	记录位置的温度（℃）						
		①	②	③	④	⑤	⑥	……

小能：依据这个方案，我也可以用同样的表格完成湿度的记录。

大源老师：为了让这些数据能够表达立体绿化的节能效果，你们还需要把这些数据"翻译"一下，让它们更直观。

小能：我可以利用简单的差值比较得到建筑的不同部位立体绿化的节能效果。

步骤7：计算温差并完成比较表。

第一，分别计算①②、③④、⑤⑥的差值。

①②的差值：空白对照，没有屋顶绿植的室内外温差；

③④的差值：实验组，有屋顶绿植的室内外温差；

⑤⑥的差值：绿色植被对墙面温度的影响。

第二，整理并比较①②的差值和③④的差值，查看屋顶绿化对室内降温的效果。

第三，整理⑤⑥的差值，进行比较，查看墙面绿化的降温效果。

表13.3　降温效果的比较

时间	天气状况	屋顶绿化对室内降温的效果（℃）	墙面绿化的降温效果（℃）

步骤8：绘图进行结果展示并写出报告书。

第一，绘制测定位置的地图；

第二，绘制折线图等统计图汇总观察到的数据；

第三，向大源老师汇报实验结果；

第四，完成报告书。

室、内外气温的差值与能源消耗有很大的关联。以空调温度设定为例：在夏季，如果空调的预设温度不变，室外气温越低，需要空调降低的温度越小，耗电量也越小。

图13.5　空调节能与温差

力量博士： 空调的用电量与室外环境温度和室内设定温度有直接关系，室内外温差越小越省电。夏季可调至25-28摄氏度，冬季可调至18-22摄氏度。室内外温差每增加1度，空调耗电量将增加5%-8%。

最终我们找到校长进行了当面申请，提交了报告书，听取校领导的意见。考虑我们计划的可行性和科学性，学校最终同意我们选取两个教学楼和墙面开展我们的"立体绿化"节能实验。

 说出那故事

小能： 大源老师，校园建筑的立体绿化我们已经布置了一些角落，他们的节能效果我们也通过测量得到了比较准确的数据。这个过程虽然很漫长，但是从计划、种植，到观察，很多的小伙伴参与其中，我们感受到了校园的生命力和同学们的行动力量！

大源老师： 我觉得你们能从生活中发现问题，动手实践是非常棒的，现在这些"立体绿化"节能的同时，也为校园中老师和同学们提供了休憩和娱乐的空间。

小能： 我发现学校里还有很多的屋顶和墙面现在是没有展开利用的，我想是否可以在下次的环境日活动中制作海报和视频，让更多同学们知道我们小组实践的成果，号召大家参与到校园美化和能源节约的这项活动中。可以开展不同的绿化方案，我认为这样会让我们的校园更加美丽和富有活力！

大源老师： 是的，其他同学通过你们的经验总结，也许能受到启发，产生更多新奇的想法。期待你们的展示！

社会场景

跨过那座山

小能： 有时我在想，现在夏天热了可以开空调，而古代人可没有什么风扇和空调，他们是如何度过炎热的夏日呢？而且古画中的人都穿着长衣、长裤，他们是否利用了绿化或其他方式来降低室内温度呢？

大源老师： 你这个问题提得好，你们可以调查一下，我也给你提一些思路：

★ 北方有一些建筑巧妙利用了水，圆明园就有这样的建筑，"水木明瑟"殿俗称风扇房，将水引入殿宇，模仿西洋水法，利用水力推动风扇。圆明园里面既凉快，又有水声，成为炎热的夏季里帝后避暑的好地方。

（图中标注：把水送到屋顶；房子外边有大风车；通过水循环带走热量给建筑整体降温；水既是制冷剂也是驱动力）

图13.6　凉屋降温原理示意图

★ 南方有一些少数民族的民居，巧妙利用了竹子，这跟你们想要调查的更为相关，外墙是轻薄的竹板，利于通风和对外降温；屋顶采用较厚的茅草，隔离强烈的阳光。还有其他的方式，你们课后可以认真调查，记录整理，我想这会非常有趣的！

图13.7　傣族竹楼

小能： 我们发现古代利用植被作为建筑材料，而不是用鲜活的植物来装饰建筑墙。我的困惑是，这些生长的植物能在校园里逐渐生长，它们需要养分和空间，那么随着成长，会不会对建筑物造成损害呢？

大源老师： 我记得你们之前调查过北京的一些立体绿化建筑，很多建筑都是老建筑，你们可以从已有的资料开始，看看能够有什么新发现。

小能： 看来我们可以在校园立体绿化节能的基础上，向历史追溯、向未来展望，做更多的探索啊！

 献出那份爱

小能： 通过这次活动，我能感受到绿化建筑表面后对室内温度的影响。我想我们的研究虽然很小，但是取之于生活，那么能不能用之于生活呢？我家所在的社区、我们的城市等周边区域能不能应用这个"立体绿化"，达到美化建筑外观的同时又能够节能呢？

大源老师： 的确！校园中已经有你们的足迹，这种尝试当然可以扩展。我们可以调查开展绿化墙面的建筑要求、环境要求、成本等，然后在小区域中标注出来，结合你们的调查绘制小范围的"立体绿化的实际分布地图"，以及"立体绿化的可开展区域地图"，也许能更直观和有效地表达你们的想法，让更多人看到你们调查的成果和行动。

小能： 我想利用这个假期，整理出我们的调查和成果，梳理在其他地方进行立体绿化的设想，在美化我们生活和学习环境的同时，也节约用电、节约能源。

参考文献：

[1] 房华.构筑生态环境——室内立体绿化景观设计研究[J].生态经济，2016, 32(9):5.

[2] 张旭.公共建筑空调的节能潜力研究[J].山东工业技术，2015(12):1.

[3] 梅雪峰.北京市举办"空调调高一度 畅享绿色生活"专项行动首场宣传推广活动[N].精神文明导刊，2018(8):1.

[4] 吴婷.现代艺术视野中的园林景观设计[D].南京林业大学，2007.

[5] 张金政，林秦文.藤蔓植物与景观[M].北京：中国林业出版社，2015.

北京冬奥会节能技术初实践

推开那扇窗

暑假期间，小能和家人参观首钢滑雪大跳台（雪飞天），看到壮观的跳台和首钢老工业园区的完美结合，小能真是佩服设计师的奇思妙想。不过善于观察的小能也发现了跳台的变化。

小能： 爸爸，现在的场馆和冬季的场馆不一样，冬季比赛的时候有雪覆盖，现在没有了。

爸爸： 到夏季了，冰雪早已融化了，而且最近没有比赛，也不需要消耗能源制造冰雪呀！

听到爸爸的话，小能想起冬奥会时自己就产生过的疑惑，当时只关注冬奥会了，没有及时解决这些困惑。

北京在冬季降雪的天数并不多,而且降雪后很快就融化了,那大跳台的冰雪完全是天然的吗?

如果不是天然的降雪,那么冰雪是怎么制造出来的?

制造冰雪应该也需要消耗能源吧?冬奥会的承诺是绿色冬奥,那使用的能源是100%绿色吗?

回到家,小能开始了心心念念的资料收集工作,迫切地想要知道北京冬奥会是如何实现100%绿色能源的。他在网上用"北京冬奥会节能""北京冬奥会绿色能源"等关键词

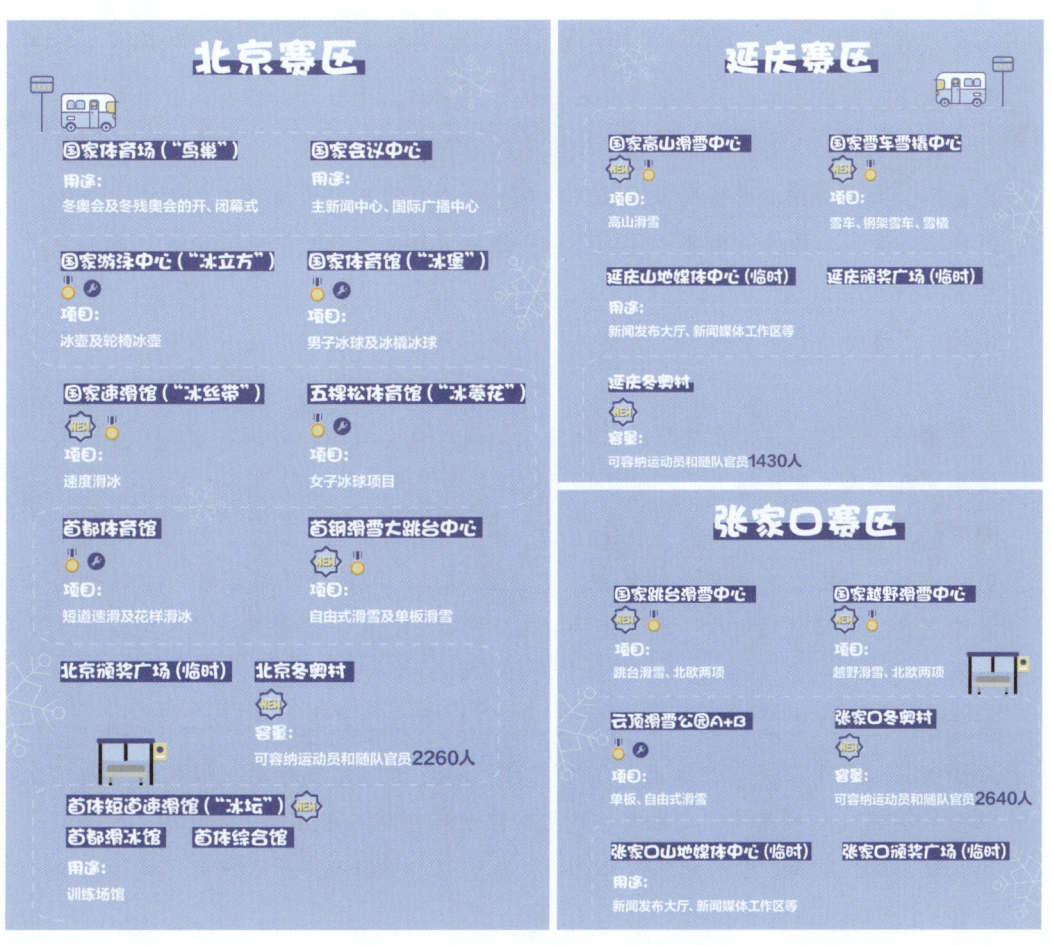

图14.1 三大赛区分布及功能

社会场景

进行搜索,逐渐获取到了一些专业信息。在北京2022年冬奥会和冬残奥会组织委员会网站有专业的介绍和相关的数据信息,给小能提供了很多帮助。其中的资料有很多,涉及冬奥会节能的方式也非常多,不同的场馆节能方式也不同,采用的能源也不同。

首先,小能发现北京冬奥会设立的三个赛区分别是北京赛区、延庆赛区和张家口赛区(见图14.1),共计26个场馆,三个赛区还专门修建了高铁来连接。为什么只在一个赛区举办不行呢?既然想要节能又可以节省交通成本,为什么要设立三个赛区呢?带着这些问题小能找到了大源老师。

资料卡

国际奥委会在冬奥会主办城市选择上,要充分考虑申办地的基本气象条件。其中指标有两条,一是2月份平均气温是否低于0℃,二是2月份降雪量是否大于30厘米。如果两项指标中有一项可能性低于75%,则没有申请冬奥会主办地的权利。

大源老师: 国际奥委会对冬奥会的举办场地有明确的气象条件要求。鉴于此,北京冬奥会设置三个赛区,其中北京城区承担全部的冰上项目,北京的延庆赛区承办雪车、雪橇及高山滑雪项目,张家口赛区承办除雪车、雪橇及高山滑雪之外的所有雪上项目,选择三个赛区是出于对赛事举办地的气象、地形地貌条件充分考量的结果。

小能: 那选择适合的场地进行比赛,而不是人工建造,应该也是一种节能的体现吧?

大源老师: 是的,这样做建造及后期的维护成本也会减小,就像在首钢工业园区修建"雪飞天"就是利用了工业遗产,从而节约了建筑材料。

小能: 另外,我注意到北京冬奥会的三个赛区场馆所用的4亿千瓦时电不是通过燃煤获得的,而是利用张北的风能。您上课讲过,风能是清洁能源,但风也是不稳定的,有时狂风大作,有时微风习习,那我们这次怎么做到让风能稳定地发电呢?

大源老师: 风能稳定发电的问题比较专业,咱们还是请教力量博士来解答吧!

力量博士: 风能在使用过程中产生的污染小,是一种清洁能源,张北风电通过电网传输到张北换流站,之后通过张北柔性直流电网运输至北京换流站,最终流向北京、延庆等地。考虑到风时有时无,忽大忽小等特点,于是就有了柔性直流电网。

资料卡

柔性直流技术不但能输送电能,而且能调节电压,有效支撑电网运行。柔性直流电网可以灵活控制风电、光伏、抽水蓄能,而这个基础就是世界上最大的抽水蓄能电站——丰宁抽水蓄能电站。当风光资源不足时,超级充电宝(丰宁抽水蓄能电站)就派上用场了。

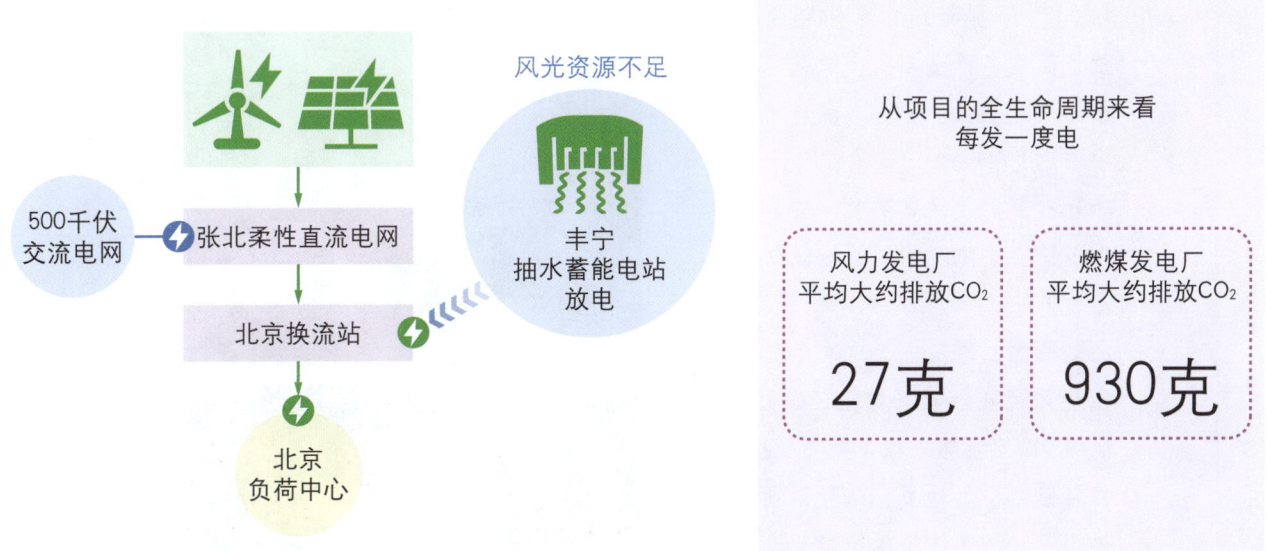

图14.2 张北发电及节能效果示意图

小能:还有这次冬奥会把氢能用在了主火炬、公交车上。我看书上说,氢能不稳定,容易爆炸,这样不是很危险吗?

力量博士:氢气可以说是最清洁的燃料,基本上没有二氧化碳排放。2008年,咱们的主火炬一小时大概消耗5000立方米燃气,相当于10个三口之家一年的燃气量,不过在当年,使用燃气已经是比较环保的了。现在我们的技术水平提高了,

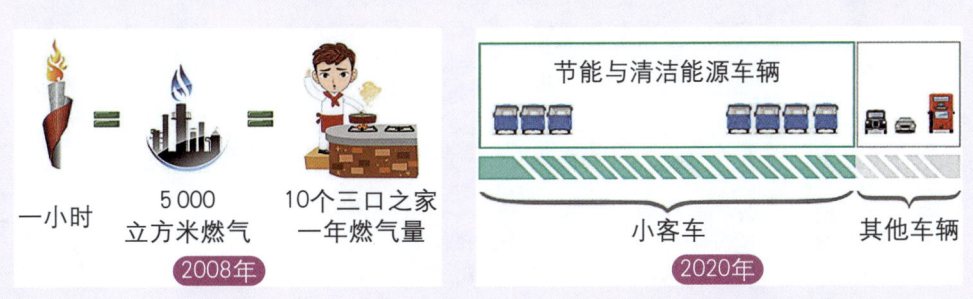

图14.3 两次奥运部分能源使用对比示意图

社会场景

能源利用的方式也增多了,这次用微火代替了熊熊燃烧的巨大火炬,并且使用氢燃料,低碳环保理念更加显而易见。

这次的氢能汽车与传统的化石燃料汽车相比,每行驶100千米,可减少约70千克的二氧化碳排放,相当于14棵普通树木一年的吸收量。而在冬奥会期间,绿色车辆在小客车中占比100%,在全部车辆中占比84.9%。

小能: 节能效果真明显,看来冬奥会节能主要体现在低碳能源和绿色出行上。

力量博士: 事实上,这次冬奥会节能还体现在低碳场馆上。通过LED照明,个别场馆采取了光导管技术,将自然光引入地下。采暖则利用无热桥设计,无热桥就相当于设计一个障碍,打断冷热的循环。基本的思路是利用自然光和材料原本的特性来节能。

小能: 老师,我结合力量博士的介绍进行了总结和梳理,就是觉得有些技术如果我们能够亲身体验一下就更好了。

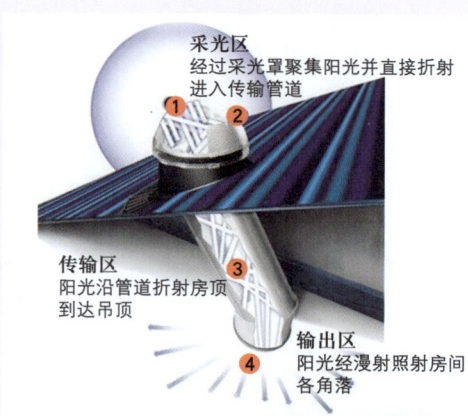

图14.4 光导管技术示意图

低碳能源	低碳场馆	低碳出行
张北的风,点燃奥运的灯:使用风能资源、张北柔性直流电网;当风能资源不足时,丰宁抽水蓄能电站提供支撑。	高效的外保温装置,该建筑的保温层比传统建筑的更厚,保温效果更好,可以有效降低室内能耗。 被动式外窗的设计,通过隔热涂层、窗框内加注惰性气体等方式,使其传热系数更小、隔热性能更好。 安装新风热回收装置,装置热回收效率大于等于75%。 实现高效的气密性。 采用高效节能设备,通过采取上述措施,冬奥村设计建筑单位面积能耗装置。	使用氢能源汽车,减少碳排放。 强化能源消耗排放的监督。

图14.5 北京冬奥会节能设计概览

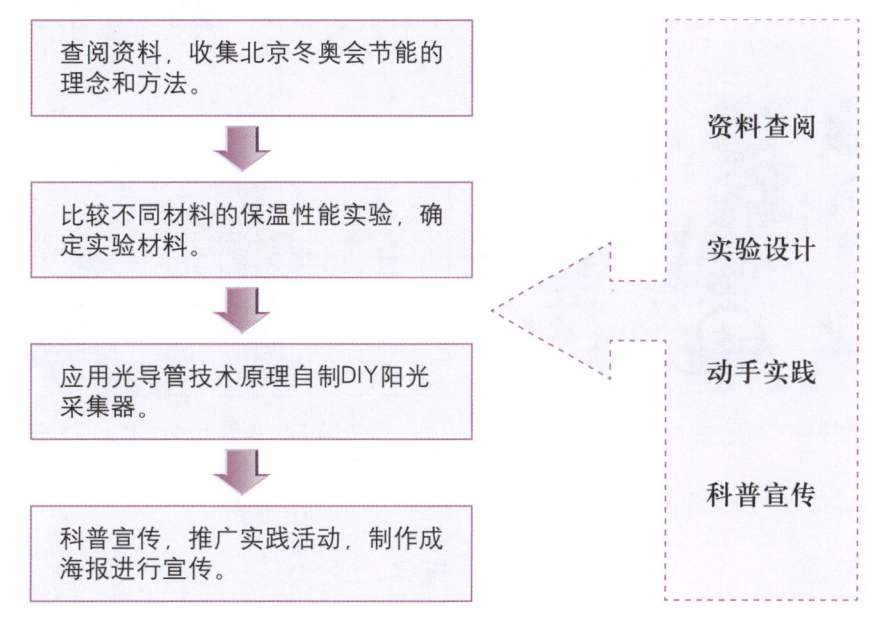

图14.6 活动流程示意图

不同材料的保温性能实验

>> **步骤1：选择保温材料。**

冬奥低碳场馆在选择保温材料上做了几次改动，看来不同材料的保温性能是不一样的。但是保温材料怎么选择呢？

> **大源老师：** 真要用场馆的材料，那咱们保温性能实验的成本就大了，相信很多同学也负担不了，不过可以用一些替代产品。市场上保温建筑材料很多，比如真空绝热板等。
>
> **小能：** 我突然想到，我妈妈做烧烤的时候用锡纸包着，烤后过了一会儿再打开，里面还是热的。

我们最后选择了：海绵、泡沫、硬纸皮、毛巾、空气柱塑料、锡纸等材料。

>> **步骤2：准备对比实验用具。**

在8个同样的烧杯中盛满相同温度的水，组装成如图14.7所示的形式，分别用厚

度相同、不同材质的保温材料包好（温度计刻度露在外面），盖上盖子，每个杯子间隔30cm。

> **步骤3：设计统计表格（见表14.1）和统计空白图（见图14.8）。**

图14.7　不同材料保温效果对比实验示意

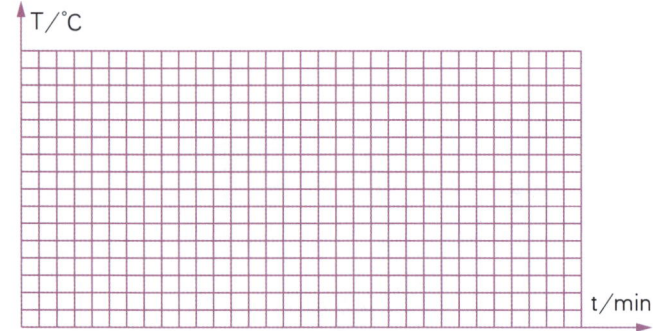

图14.8　对比实验统计空白图

> **步骤4：进行计时对比实验并记录结果。**

表14.1　观察记录表

材料	初始温度	5min	10min	15min	20min	25min	30min	温差
海绵								
泡沫								
硬纸皮								
毛巾								
空气柱塑料								
锡纸								
空白实验								

在同一室内，定时观察温度计的读数，并记录在事先设计好的表格中，最后根据数据画出水温随时间变化的关系图，t表示时间，T表示温度。（温馨提示：在读温度计示数时，需要平视温度计，否则读数可能不准确。）

> **步骤5：对比实验结果，找到保温性能最好的材料。**

海绵和毛巾的保温性能最好。看来不同材质的保温材料其导热性能有很大差异。

资料卡

海绵疏松多孔，里面大量的空气可以起到保温作用。夏季天气炎热，一些便利店的店员会用厚厚的棉被盖在冰柜上，减缓雪糕融化的速度。这是因为棉被不容易传热，外面的热量被棉被阻隔无法传进冰柜。导热性能是指物质传导热量的性能，可用导热系数表示。导热性能差的材料保温效果好，选用保温效果好的材料可以更节能。

资料卡

要将阳光导入无法采光的房间里，目前有两种技术手段：第一种，反射光管采光，可以用较大口径的反射光管将光线导入室内，这对室内设计的要求高；第二种，通过一个转换器将光线聚焦，这个转换器就是光纤，可以将自然光导入室内。

动手实践 DIY 阳光采集器

步骤1：准备实验用具。

DIY阳光采集器需要以下材料：太阳自动跟踪系统；阳光定向器，随太阳位置变化反射光线到固定的目标上；采光盘。

实验所用器材包括：凸透镜、PVC管、带有小孔的木圆柱体、光纤、纸箱。

图14.9 生活中的光纤棒

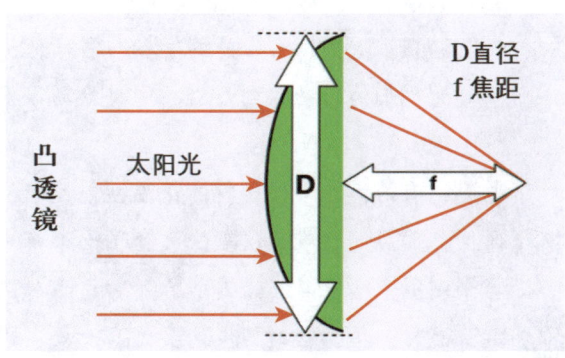

图14.10 凸透镜采光原理示意图

步骤2：组装设备。

第一，将光纤插入到木圆柱体中；

第二，将PVC管和圆柱体组装在一起；

第三，安装上凸透镜；

第四，重复上述操作。

社会场景

第五，按照图14.11摆放光纤导管。

步骤3：观察结果。

第一，在纸箱上扎个洞，将光导管无缝衔接；

第二，将另一个纸箱掏空，放入光纤，观察阳光采集情况。（见图14.12）

图14.11　光纤导管摆放示意图

图14.12　实验结果示意图

说出那故事

小能： 大源老师，这样的实验活动让冬奥节能技术特别简单清晰地展现在了我的眼前。从最开始在网络、文章里了解冬奥节能方式到实验想法的最终落地，然后看到同学们也能通过实验活动更加了解冬奥会节能技术，真的非常有成就感。

大源老师： 看到那么多的同学参与科学体验和实践活动，并在活动中有所收获，我真为你们的行动感到开心。通过活动以及在实验过程中，你们有没有一些新的发现呢？

小能： 有的，在不同材料的保温性能比较实验中，我发现用温度计读取温度需要时间，而且还存在着误差。我查了一下资料，如果有足够经费的话可以采用传感器来测温，这样误差就更小了。

大源老师： 传感器的精度确实要高一些，而且还能将结果直接以数据的形式储存起来，的确比较方便。

小能： 我记得冬奥场馆节能方式中还可以用隔热层，下次可以在实验方案中增加一个内容，即比较有无隔热层情况下的保温效果，以及什么材料作为隔热层效果最佳。这个实验跟咱们现在的实验有类似的地方，应该挺好实现的。

大源老师： 你们可以了解一下有哪些材料可以作为隔热层。

小能： 好的，我们继续探索。

小能： 我希望能让更多地区的人们了解冬奥会的节能方式。

大源老师： 我们所做的工作不单单着眼于校园，还应当关注更广阔地区、关注社会。实际上在有些地方光导管技术已经应用了，而且非常简单，就是用一个塑料瓶装在屋顶上，一半对着外面，一半对着屋子里面。这种环保照明就出现在菲律宾的城市贫民窟。公益团队又进行了技术改造，在塑料瓶中装入了一个简易的照明系统：太阳能板、PVC管、电路、可充电的太阳能电池，还有一个LED灯。这些材料在当地用10美元就可以全部买到（见图14.13）。在白天，太阳能板会吸收太阳能，而到了晚上，LED灯就会亮起，给屋内带来光明。这个塑料瓶里的太阳板充满电，用作灯泡照明使用可以达到10小时。

图14.13　光导管技术应用案例

小能： 谢谢大源老师！我希望我们的科普宣传能起到效果，未来能给更多地区的人们带来温暖和光明。

番外篇

【1】能源：也称为能源资源，能够提供某种形式能量的物质或物质的运动都可以称为能源。能源包括煤、石油、天然气等矿产能源，也包括由物质运动产生的能量，如水能、太阳能、风能等。能源资源是一种综合的自然资源。

【2】一次能源与二次能源：一次能源与二次能源的主要区别在于能源的形成条件不同。自然界中现存可直接取得而不改变其基本形态的能源叫一次能源，如石油、煤炭、天然气等化石燃料和核能（铀）、水力、太阳能、地热、风力等，一次能源又被称为天然能源。二次能源是由一次能源经过加工转换而成的，包括电力、汽油、煤气等。当然，二次能源不仅指经过一次转换而得到的能源，那些无论经过几次才能转换成的能源都可以称为二次能源。

【3】能源的主要分类：

（1）按照能源的利用状况，可以将能源分为常规能源和新能源。利用技术上成熟，使用比较普遍的能源叫作常规能源，包括水能和煤炭、石油、天然气等资源。新近利用或正在着手开发的能源叫作新能源，包括太阳能、风能、地热能、海洋能、生物能、氢能以及用于核能发电的核燃料等能源。

（2）按照能源性质可以将能源分为可再生能源和非可再生能源。可再生资源包括太阳能、风能、水能、地热能、潮汐能、生物质能等；非可再生能源包括化石燃料，如煤、石油、天然气、煤层气，以及核能等。

（3）按照能源消耗后是否造成环境污染可分为污染型能源和清洁型能源，污染型能源包括煤炭、石油等，清洁型能源包括水能、太阳能、风能、地热能、潮汐能以及核能等。

【4】国家能源局的官方网站提供以下数据：

2022年，全社会用电量86372亿千瓦时，同比增长3.6%。分产业看，第一产业用电量1146亿千瓦时，同比增长10.4%；第二产业用电量57001亿千瓦时，同比增长1.2%；第三产业用电量14859亿千瓦时，同比增长4.4%；城乡居民生活用电量13366亿千瓦时，同比增长13.8%。

截至2022年12月底，全国累计发电装机容量约25.6亿千瓦，同比增长7.8%。其中，风电装机容量约3.7亿千瓦，同比增长11.2%；太阳能发电装机容量约3.9亿千瓦，同比增长28.1%。

2022年，全国6000千瓦及以上电厂发电设备利用小时3687小时，比上年同期减少125小时。全国主要发电企业电源工程建设投资完成7208亿元，同比增长22.8%。其中，核电677亿元，同比增长25.7%。电网工程建设投资完成5012亿元，同比增长2.0%。

表1　2022年全国电力工业统计数据

指标名称	单位	全年累计	同比增长(%)
全国发电装机容量	万千瓦	256405	7.8
其中：水电	万千瓦	41350	5.8
火电	万千瓦	133239	2.7
核电	万千瓦	5553	4.3
风电	万千瓦	36544	11.2
太阳能发电	万千瓦	39261	28.1
6000千瓦及以上电厂供电标准煤耗	克/千瓦时	301.5	−0.1*
全国线路损失率	%	4.84	−0.42▲
6000千瓦及以上电厂供电设备利用小时	小时	3687	−125*
其中：水电	小时	3412	−194*
火电	小时	4379	−65*
电源工程建设投资完成额	亿元	7208	22.8
其中：水电	亿元	863	−26.5
火电	亿元	909	28.4
核电	亿元	677	25.7
电网工程建设投资完成额	亿元	5012	2.0
基建新增发电装机容量	万千瓦	19974	11.5
其中：水电	万千瓦	2387	1.6
火电	万千瓦	4471	−9.5
风电	万千瓦	3763	−21.0
太阳能发电	万千瓦	8741	60.3
新增220千伏及以上变电设备容量	万千伏安	25839	6.3
新增220千伏及以上输电线路长度	千米	38967	21.2

注：1. 全社会用电量为全口径数据，全国供电量为调度口径数据。
　　2. "同比增长"列中，标*的指标为绝对量；标▲的指标为百分点。

【5】太阳能：空间上，我国太阳能分布不均，北方多，南方少，主要分布在青藏高原和西北内陆地区，四川盆地太阳能分布最贫乏，北京太阳能资源较丰富。时间上，我国太阳能夏季比冬季丰富，白天比夜晚丰富。

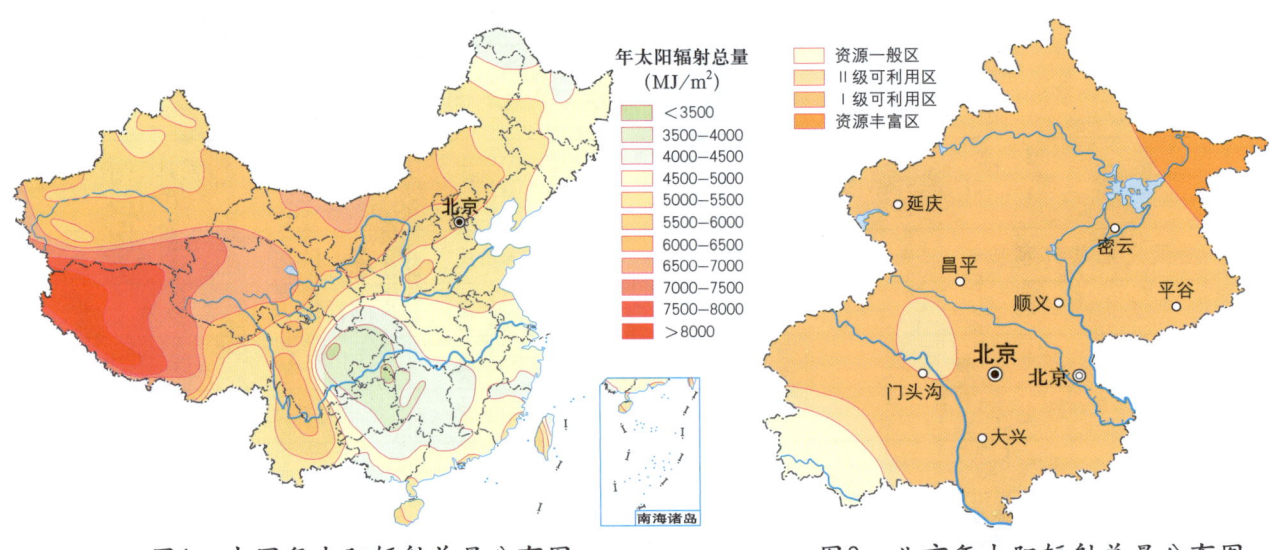

图1 中国年太阳辐射总量分布图　　　　　图2 北京年太阳辐射总量分布图

就北京而言，多年平均的年日照小时数为2778.7h，太阳辐射量全年平均为4600~5700 MJ/m²。高值区分布在延庆盆地及密云县西北部至怀柔东部一带，年辐射量均在5600 MJ/m²以上；低值区位于房山区的霞云岭附近，年辐射量约为4650MJ/m²。

风能：分布较广，西北、青藏以及东南沿海地区丰富，北京风能分布适中。风能的分布还表现出强烈的季节性，西北地区冬季风能资源丰富，而东南沿海夏季风能资源更丰富。

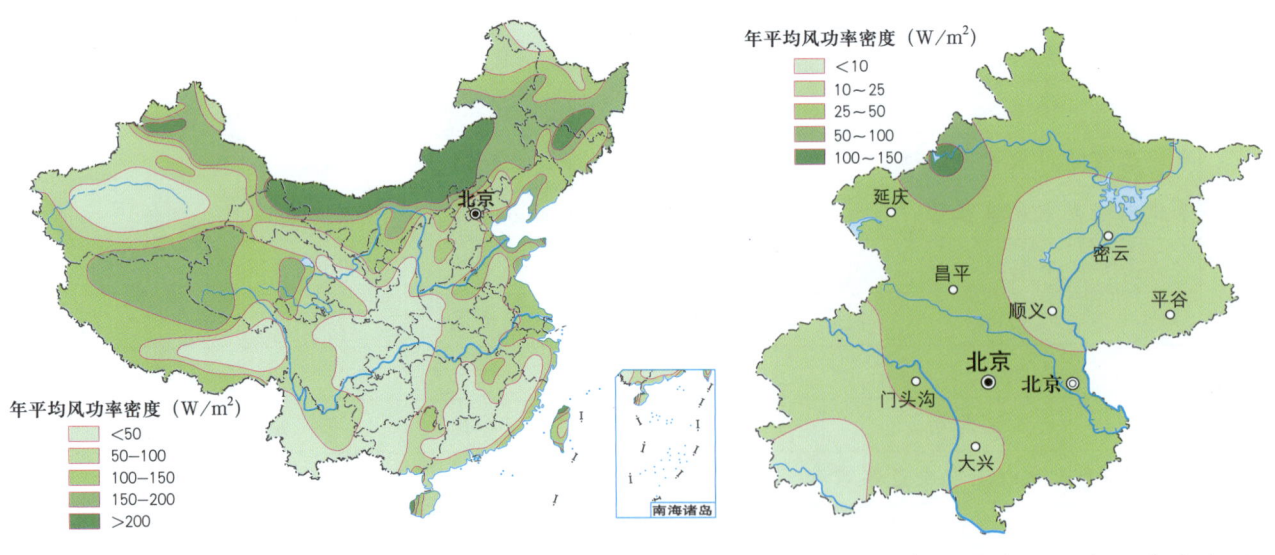

图3 中国年平均风功率密度分布图　　　　图4 北京年平均风功率密度分布图

就北京地区而言，西北部和西部山区风能资源最丰富，特别是山区隘口如官厅水库库区和山顶如灵山风速较大，具有一定的风能资源开发潜力。其中官厅水库位于燕山余脉的山涧之间，呈西南—东北走向，冬季当强大的西北气流自蒙古高原经坝上南下时，受地形影响，顺着洋河河谷吹向官厅水库，由于"狭管效应"，使得库区周边的风速明显增大，且风向稳定。

【6】校园平面图

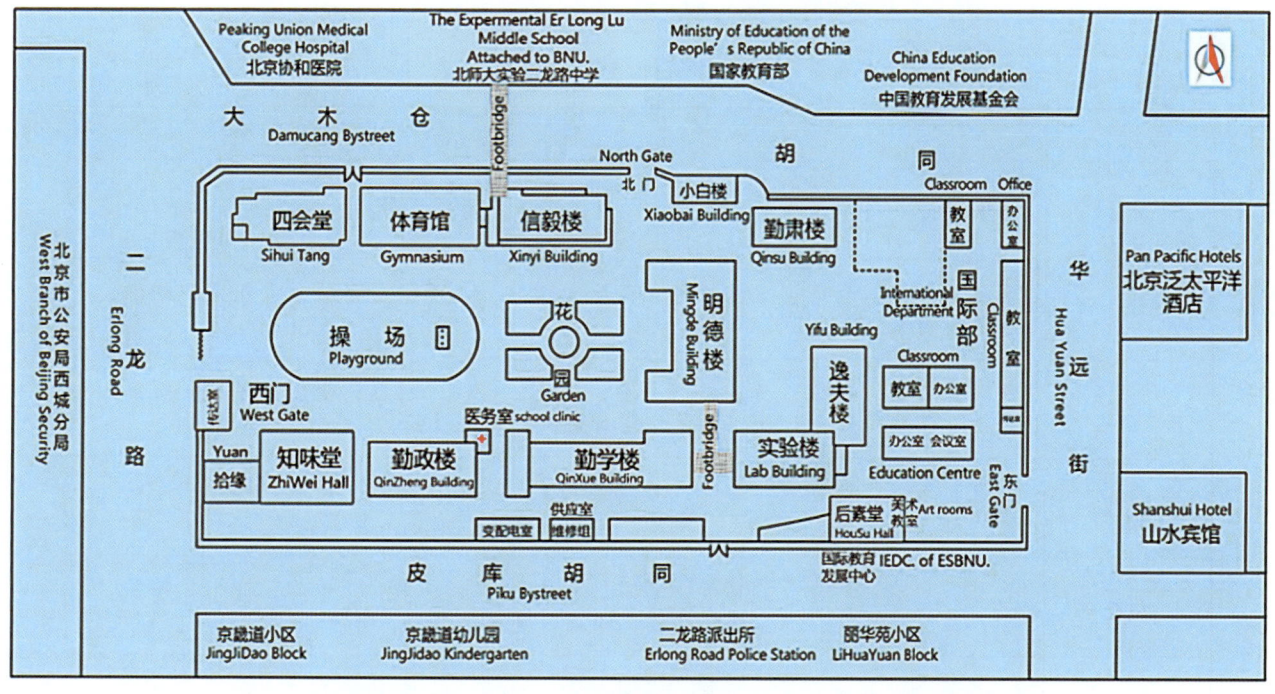

图5　北京师范大学附属实验中学校园布局示意图

【7】农光互补：也称光伏农业，是利用太阳能光伏发电无污染零排放的特点，与高科技大棚（包括农业种植大棚和养殖大棚）有机结合，在大棚的部分或全部向阳面上铺设光伏太阳能发电装置，它既具有发电能力，又能为农作物、食用菌及畜牧养殖提供适宜的生长环境，以此创造更好的经济效益和社会效益。主要有光伏农业种植大棚、光伏养殖大棚等几种模式。

【8】太阳能光伏电板对农作物的影响：农作物生长需要的光与光伏发电需要不同的光波，光伏日光温室能够实现发电、种植两不误。由于太阳能电池组件会造成一定的遮光，每个大棚可根据不同农作物对光的需求，采用不同的装机容量设计，以满足植物的光合作用对光的需求。如苦瓜，生长过程中对透光度要求不高，可使用晶硅太阳能电池组件，多安装电池组件，提高装机容量多发电；光照要求高的五彩椒、番茄等茄果类蔬菜，则覆盖透光性好的改良太阳能电池组件，降低装机容量，增强透光性。

太阳能电池组件还能阻隔部分紫外线，反射昆虫繁殖需要的蓝紫光，可有效减少蔬菜病虫害，减少农药使用量，提高蔬菜品质和产量，是利用高新科技打造绿色生态农业的新模式。夏季，受高温影响，大部分保护地蔬菜在6-9月份无法正常成长。传统大棚夏季棚内温度达50℃以上，大部分蔬菜无法成活，只能种植两茬。光伏大棚的优势在这方面进一步体现：由于棚顶的光伏发电板减少了紫外线对作物的破坏，光伏大棚的蔬菜品质和产量优于传统大棚。而光伏蔬菜大棚在冬季能防止棚内热量向外辐射，减缓夜间温度下降，达到保温的效果，免去了草帘覆盖这一工序，节省了人力和物力。

【9】适合大棚种植的蔬菜：

表2 适合大棚种植的蔬菜统计表

时间	蔬菜
一月	油菜，菠菜，芥蓝，生菜，土豆，葱，茄子，番茄，辣椒，芋头。
二月	菠菜，芥蓝，生菜，土豆，葱，黄瓜，四季豆，茄子，番茄，青花菜，辣椒，芋头、白菜。
三月	菠菜，芥蓝，白菜，黄瓜，四季豆，茄子，番茄，丝瓜，南瓜，冬瓜，苦瓜，辣椒，芋头，葱，豇豆，毛豆，空心菜，苋菜，甘蓝。
四月	白菜，黄瓜，四季豆，茄子，番茄，丝瓜，冬瓜，南瓜，苦瓜，辣椒，芋头，葱，豇豆，毛豆，空心菜，甘蓝，油菜，苋菜，韭菜，芹菜。
五月	白菜，黄瓜，四季豆，茄子，番茄，丝瓜，冬瓜，南瓜，苦瓜，辣椒，芋头，葱，豇豆，毛豆，空心菜，甘蓝，油菜，苋菜，韭菜，芹菜。
六月	空心菜，甘蓝，油菜，苋菜，韭菜，白菜，黄瓜，豇豆，毛豆，苦瓜，葱，芹菜，花椰菜。
七月	空心菜，甘蓝，油菜，苋菜，韭菜，白菜，黄瓜，豇豆，毛豆，苦瓜，葱，芹菜，四季豆，花椰菜，茄子，番茄，芹菜。
八月	空心菜，甘蓝，油菜，苋菜，韭菜，白菜，黄瓜，豇豆，毛豆，苦瓜，葱，芹菜，四季豆，花椰菜，茄子，番茄，芹菜，青花菜，胡萝卜，大蒜。
九月	空心菜，甘蓝，油菜，苋菜，韭菜，白菜，菠菜，生菜，葱，青菜，青花菜，豌豆，胡萝卜，花椰菜，茼蒿。
十月	空心菜，甘蓝，油菜，苋菜，韭菜，白菜，菠菜，生菜，葱，青菜，青花菜，豌豆，胡萝卜，花椰菜，茼蒿。
十一月	甘蓝，油菜，韭菜，白菜，芥蓝，生菜，葱，芹菜，青花菜，豌豆，胡萝卜，大蒜，花椰菜，茼蒿。
十二月	甘蓝，油菜，韭菜，白菜，菠菜，芥蓝，生菜，葱，芹菜，青花菜，豌豆，胡萝卜，大蒜，花椰菜，茼蒿，茄子，番茄，辣椒。

【10】PET：聚对苯二甲酸乙二醇酯的简称。PET分为纤维级聚酯切片和非纤维级聚酯切片。①纤维级聚酯用于制造涤纶短纤维和涤纶长丝，是供给涤纶纤维企业加工纤维及相关产品的原料。涤纶是化纤中产量最大的品种。②非纤维级聚酯广泛应用于包装业、电

子电器、医疗卫生、建筑、汽车等领域，其中包装是聚酯最大的非纤应用市场，同时也是PET应用增长最快的领域。

PET塑料瓶具质轻、透明度高、耐冲击、不易碎裂等特性，也可阻止二氧化碳气体逸出，让汽水保持有"气"。

我们看到的很多塑料制品，一般在水瓶底部总会有一些标志，在三角形内部显示不同数字，今天我们主要强调的是PET材质。简单来说，一般情况下，建议1号喝完即扔，2号不建议用作盛水的器皿，3号无法受热，4号超过110℃会熔化，5号比较适合微波炉使用，且可重复使用，6号不建议直接加热，7号若妥善使用即可避免双酚A现象出现。

表3　不同材质塑料的用途

标志	材料	应用
1 PETE	聚对苯二甲酸乙二醇酯（PET）	矿泉水瓶、汽水瓶等
2 HDPE	高密度聚乙烯（HDPE）	清洁用品、沐浴产品的塑料容器
3 V	聚氯乙烯（PVC）	一些装饰材料
4 LDPE	低密度聚乙烯（LDPE）	保鲜膜、塑料膜
5 PP	聚丙烯（PP）	果汁塑料瓶、豆浆瓶、微波炉餐盒

♳ PS	聚氯乙烯（PS）	快餐盒、泡面盒
♴ OTHER	其他（PC材料聚碳酸酯或PA尼龙）	水壶、水杯、奶瓶

【11】厨余垃圾：是指家庭中产生的菜帮菜叶、瓜果皮核、剩菜剩饭、废弃食物等易腐性垃圾；从事餐饮经营活动的企业和机关、部队、学校、企业事业等单位集体食堂在食品加工、饮食服务、单位供餐等活动中产生的食物残渣、食品加工废料和废弃食用油脂；以及农贸市场、农产品批发市场产生的蔬菜瓜果垃圾、腐肉、肉碎骨、水产品、畜禽内脏等。其中，废弃食用油脂是指不可再食用的动植物油脂和油水混合物。

【12】厨余垃圾能源化：指从厨余垃圾中提取物质作为原材料或者燃料的活动。

【13】动物转换：利用家禽（大动物）、蚯蚓、果蝇等动物将厨余垃圾转换成动物营养质和动物粪便，然后再合理处置动物及其粪便。家禽饲喂在农业经济时代是一种重要的厨余垃圾处理方法。

【14】生物转换：利用微生物的作用将厨余垃圾转换成腐殖质、沼气、酒精等，或将厨余垃圾干化（生物干化）。常用的生物转换方法是沤肥、堆肥和厌氧发酵制沼。

【15】物理化学转换：机械脱水、余热干化、太阳能干化（干化厨余垃圾、腐殖质）、焚烧等。

【16】沼气：是有机物质在厌氧环境中，在一定的温度、湿度、酸碱度的条件下，通过微生物发酵作用，产生的一种可燃气体。由于这种气体最初是在沼泽、湖泊、池塘中发现的，所以人们称之为沼气。

【17】影响沼气池建造的因素

从气候角度来讲，沼气池在10℃以上可产气，20℃以上为产气高峰，低于10℃产气量极少而无应用价值。因此，在实际应用中，应选择温度在10℃以上的环境，使沼气池获得较好的产气效果。我国南方因为纬度低、气温高，大部分地区最低温都高于10℃，沼气池在冬天也可以正常使用。而在北方、西北、青藏地区最低气温大部分低于10℃，不过这些地区年日照时数比较长，可以考虑将沼气池和太阳能结合起来，太阳能可以为

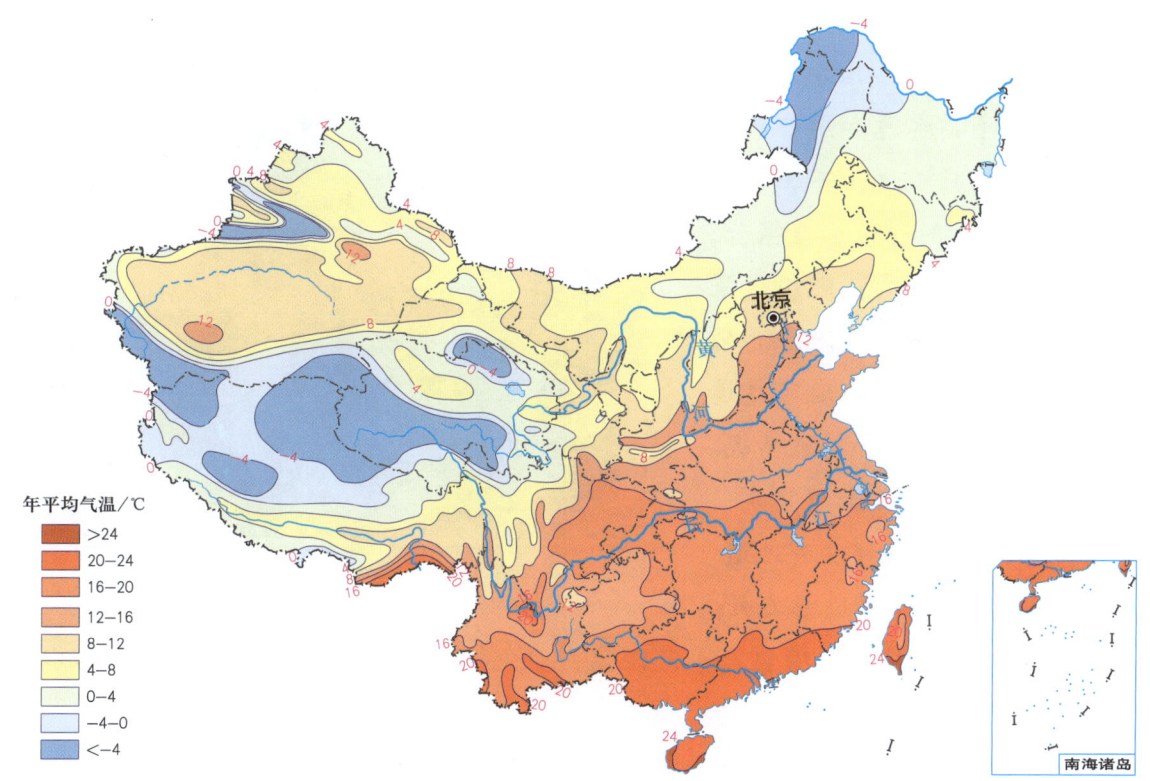

图6　中国年平均最低气温分布图

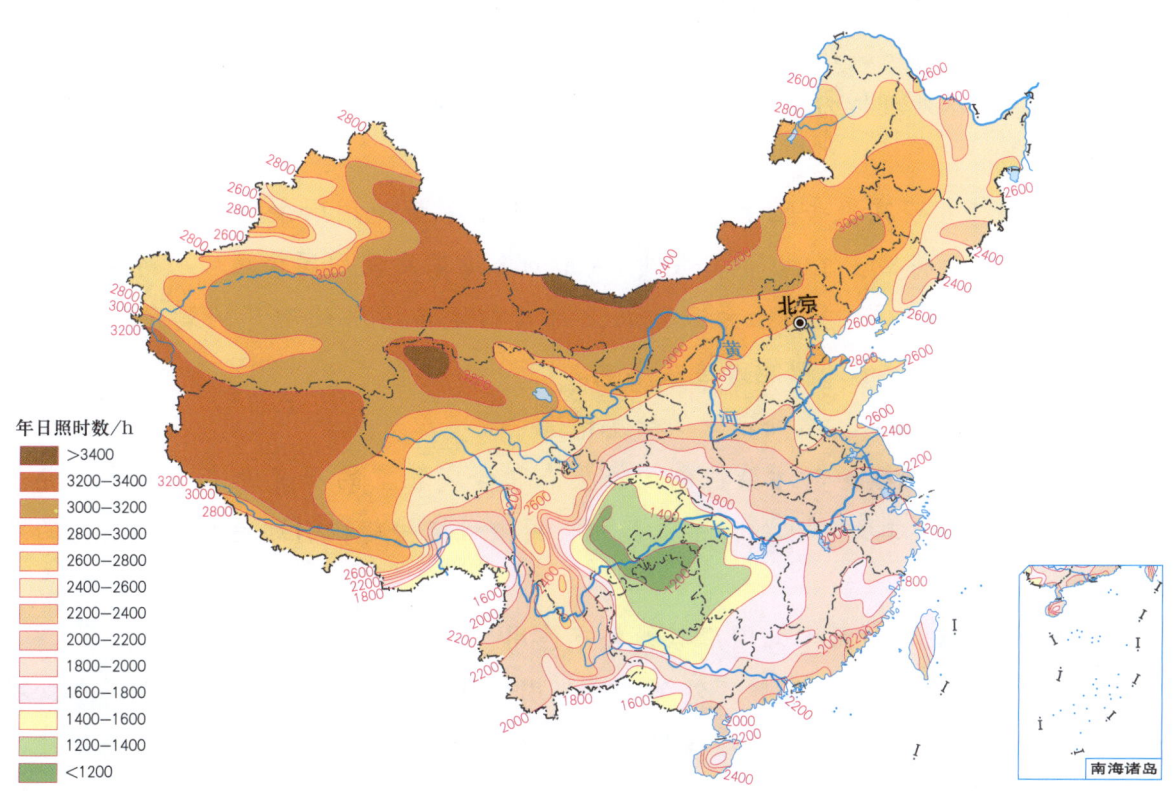

图7　中国年日照时数分布图

沼气池加温，保障沼气池在冬季的正常使用。除此之外，北方干旱地区还应考虑池子离水源和用户的距离，若池子离用户较远，不但管理不方便，输送沼气的管道也要很长，这样会影响沼气的压力，燃烧效果不好。另外，现在的沼气池分为地上式和地下式，如果想在地下建造沼气池，还要考虑地质和植被情况。建造沼气池应该选择在土质坚实、地下水位较低，土层底部没有地道、地窖、渗井、泉眼、虚土等隐患之处；

图8　太阳能沼气池实景图

而且池子与树木、竹林或池塘要有一定距离，避免树根、竹根扎入池内或池塘涨水时影响池体，造成池子漏水、漏气。

【18】厨余垃圾粉碎排污资料

（1）污水处理管网处理能力

央视经济信息联播：以北京市为例，北京市每天产生生活垃圾大约为22 000吨，其中30%，也就是约6600吨为厨余垃圾，这些垃圾如果进入市政污水管道，对北京市每日超过400万吨的污水处理能力来说，其所占比例较低。专家认为，这不会对污水处理管网造成威胁。

另据上海的相关研究报告显示，假设10%的上海家庭使用厨余垃圾破碎直排系统，上海的厨余垃圾每天将减少1300吨。假设100%的上海家庭使用厨余垃圾破碎直排系统，将增加城市污水约为每年23万立方米，而上海目前城市污水处理厂的剩余容量为每年160万立方米，不会对污水处理能力造成影响。

（2）厨余垃圾粉碎对污水处理管网堵塞情况

清华大学环境学院模拟与污染控制国家重点联合实验室的研究论文《基于破碎处理的家庭厨余垃圾减量及其对下水的影响》指出，厨余垃圾粉碎机引起污水管网堵塞的可能性小。

（3）厨余垃圾粉碎对污水处理厂碳源补充作用

《餐厨垃圾废水作为污水处理厂外加碳源应用现状与分析》中提到：随着污水处理排放标准的不断提升，我国许多污水处理厂由于碳源不足而导致生物脱氮除磷效果不佳，出水水质难以达标的问题日益突出。传统外加碳源成本较高，一定程度上增加了污水处理厂的运营成本，而餐厨垃圾本身作为一种废弃物，其有机物含量高，对其进行除臭、除油等预处理措施后，表现出良好的可利用性。将餐厨垃圾废水作为污水处理厂的外加碳源，不仅可以实现废物资源化，还可以调节污水的碳氮比，提高可生化性，具有良好的环境效益、经济效益和社会效益。

【19】北京市交通运输情况

2021年下半年，全市互联网租赁自行车累计骑行量5.9亿人次，日均骑行量318.9万人次，同比增长29.4%。企业运维调度力量显著增强，日均调度12.75万辆，车辆日均周转率为3.31次，较2020年同期增长21.06%。延庆、平谷、密云、怀柔、门头沟、大兴（新城）和大兴机场地区试点投放高精度定位车辆，车辆定点停放率达到92%以上，车辆运营效率和服务水平不断提高。

表4 北京各区租赁自行车统计表（2021年）

区域	运营规模（万辆）
中心城区	79.98
门头沟区	0.02
房山区	1.50
通州区	4.51
顺义区	1.40
昌平区	3.30
大兴区	1.38
怀柔区	0.57
平谷区	0.39
密云区	0.27
延庆区	0.27
经济开发区	2.00
合计	95.59

表5 北京市公共自行车系统建设及运营统计表

指标	单位	2017年	2018年	2019年	2020年
租赁服务网点	个	3513	3575	3667	3682
车桩数	个	113131	114842	117555	118173
车辆规模	万辆	8.3	10.4	11.7	12.9
城六区	万辆	2.3	2.6	2.7	3.3
郊区	万辆	3.9	4.2	4.7	5.3
通州区	万辆	2.1	3.6	4.3	4.3
办卡数量	万张	88.4	98.4	102.8	105.2

数据来源：北京市交通委员会

截至2020年底，北京市已建成公共自行车租赁服务网点共3682个，较上年增长0.4%；公共自行车车辆规模共计12.9万辆，较上年增长10.3%，其中城六区共计3.3万辆，占公共自行车总量的25.6%；办卡数量为105.2万张，较上年增加2.4万张。

【20】碳排放计算小程序或APP

番外篇

图9　碳排放计算小程序或APP示例

表6　不同交通出行方式碳排放量参考数据

交通出行方式	单位千米碳排放量（kg）
公交车	0.01
地铁	0.04
自驾	0.29
出租车	0.21
电动自行车	0.06

注：步行和自行车碳排放量按零排放计算

【21】什么是 CO_2eq？其中 CO_2 是二氧化碳的化学式，eq 是英语单词 equal 的缩写，意思是"当量"，CO_2eq 就是"相当于多少二氧化碳"。食品生产、运输等过程排放 CO_2 作为温室气体，会加剧全球变暖，造成很多危害。但是不仅只排放 CO_2 这一种温室气体，还有甲烷（CH_4）、全氟碳化物（PFCs）、六氟化硫（SF_6）、氧化亚氮（N_2O）等，这些都是温室气体，我们把每种温室气体对全球变暖的增温效果，换算成相同增温效果的二氧化碳排放量，就得到了排放的二氧化碳当量（CO_2eq）。例如排放1吨甲烷的增温效果，等于排放25吨二氧化碳的增温效果，那么1吨甲烷等于25吨 CO_2eq。

我们在计算食物碳排放的时候，不仅是计算二氧化碳的排放量，也要计算其他温室气体的排放量。把所有温室气体的排放量换算成二氧化碳的排放量，是一种比较直观的方式，可以简称为"碳排放"。从生命周期的角度研究产品的碳排放也可以叫作产品的"碳足迹"。

【22】普通的快递外包装和打包的用材有很多种，主要包括快递运单、编织袋、塑料袋、纸封套、包装箱（瓦楞纸箱）、木箱、胶带以及缓冲物等（如图10）。常见的快递纸箱也有大小、厚度和材质的差异（如图11）。生鲜冷链的快递外包装也有多种类型，有大小各异的保温箱、保温袋等，还有用来保温的干冰、冰袋（如图12）。我国快递包装以瓦楞纸箱和塑料袋为主，其他包装材料主要是编织袋（不包括快递中转编织袋）、泡沫箱和文件袋等（如图13）。

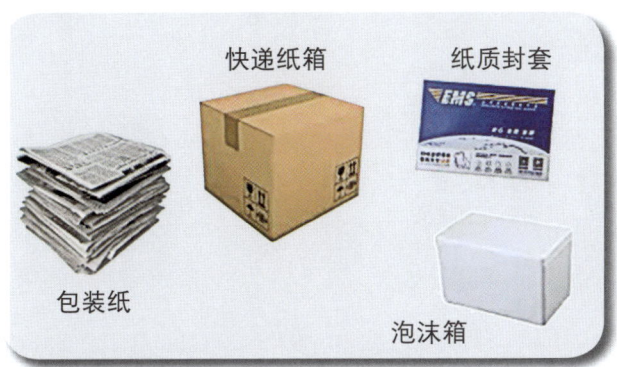 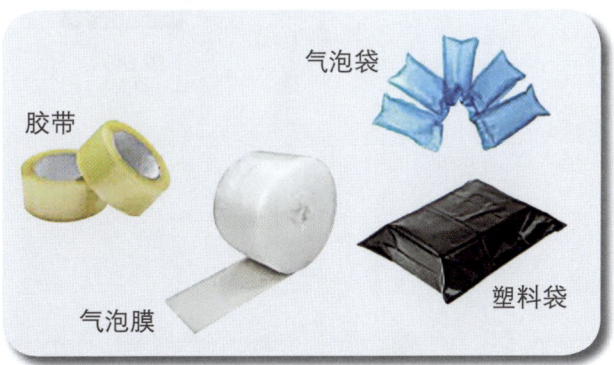

图10 快递外包装和打包用材示例

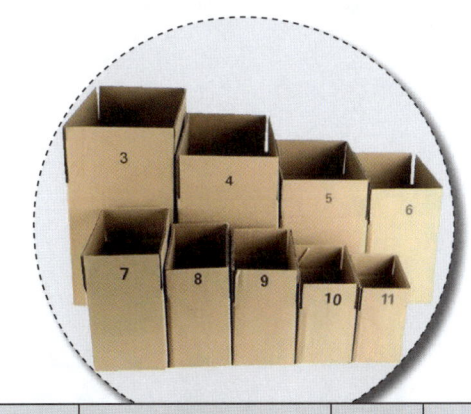

型号	尺寸（cm）	型号	尺寸（cm）
1#	53×29×27	2#	53×23×29
3#	43×21×27	4#	35×19×23
5#	29×17×19	6#	26×15×18
7#	23×13×16	8#	21×11×14
9#	19.5×10.5×13.5	10#	17.5×9.5×11.5
11#	14.5×8.5×10.5	12#	13×8×9
13#	13×8×4.5		

图11 快递用纸箱及厚度示例

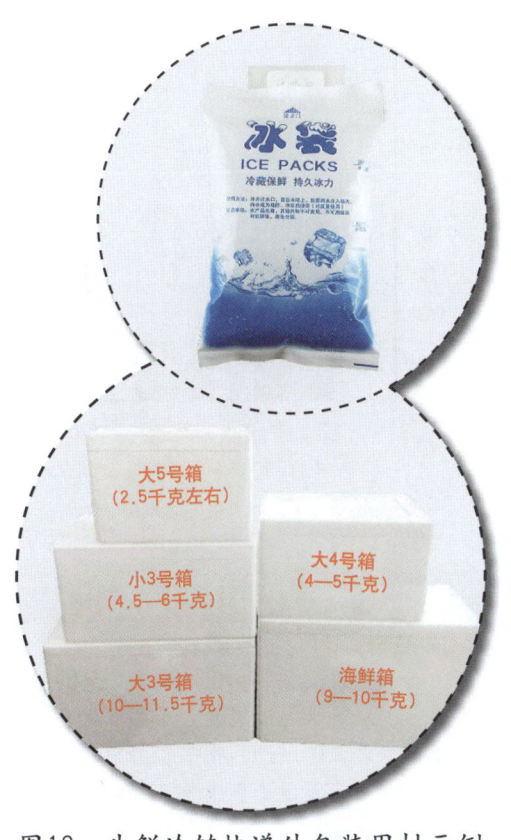

图12 生鲜冷链快递外包装用材示例

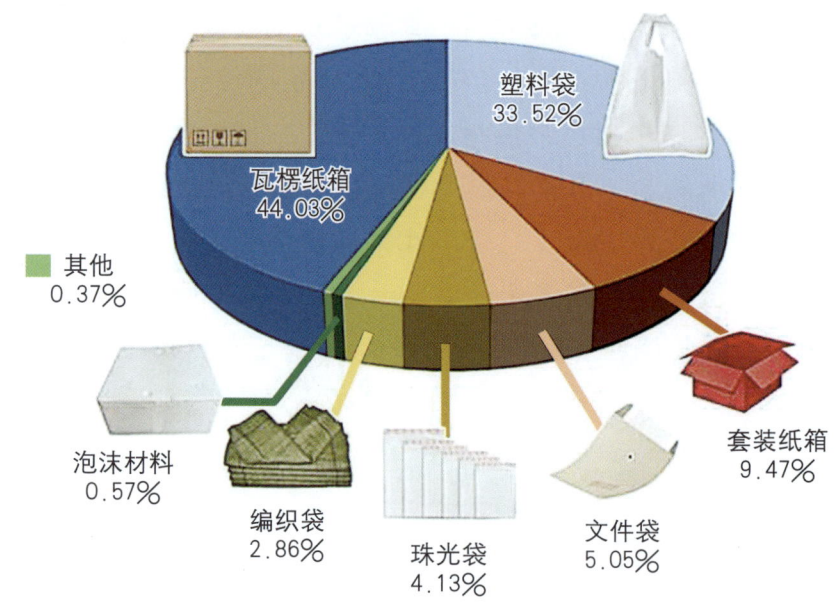

图13 快递包装种类统计图

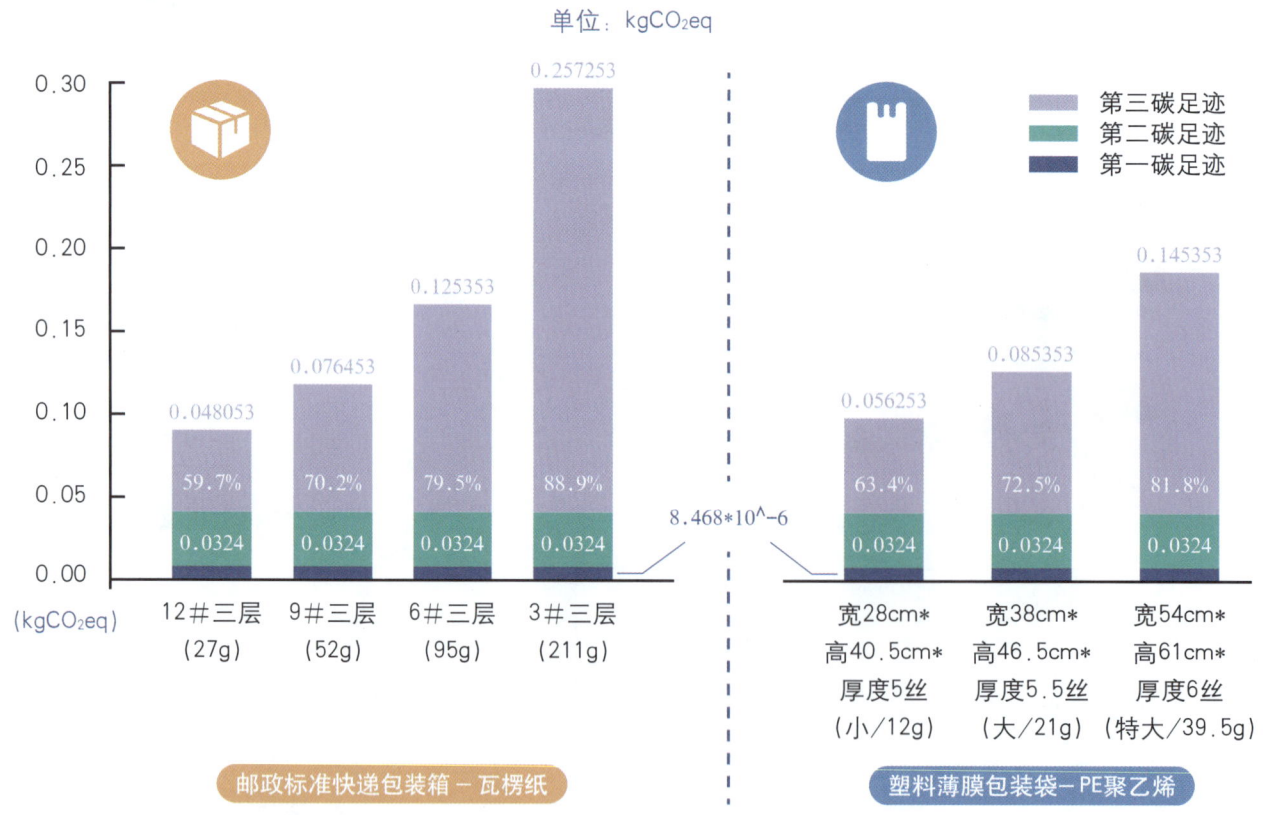

图14 不同快递包装的碳足迹

国家邮政局于2014年发布了邮政行业标准《快递业温室气体排放测量方法》，编号为YZ/T 0135-2014。《快递业温室气体排放测量方法》作为一项方法标准，主要规定了快递业温室气体的排放源，以及温室气体的测量原则、测量方法和测量指标。在该文件的附录C部分有如下数据（见表7），你可以直接使用这些数据进行测算。

表7 快递封装用品温室气体排放因子

名称	总排放因子(gCO_2/g)
运单	1.872
快递封套	2.528
快递包装纸箱	1.137
塑料薄膜包装袋	3.240
塑料编织包装袋	2.507
透明胶带	2.765

注：数据来源于YZ/T 0135-2014《快递业温室气体排放测量方法》

【23】立体绿化功能的发展历史

早在公元前6世纪，传说古巴比伦王国的尼布甲尼撒二世就主持修建了被誉为世界八大奇迹之一的巴比伦空中花园，又称为悬苑。可以说，这座采用立体手法的花园，将平面的园林景观引向三维空间，是最早的立体绿化园林景观，也是现在立体绿化设计的雏形。

图15 巴比伦空中花园示意图

随着城市的发展，城市中心出现了大量的生活广场、步行街，在大型的生活广场、步行街运用了各种以花坛、花墙、花柱为主要装饰绿化手段的立体绿化设施。这种容器绿化具有一定的储水功能，不仅美化了生活广场和步行街的环境，更缓解了硬质铺装地面因排水能力低而存在的积水问题。

番外篇

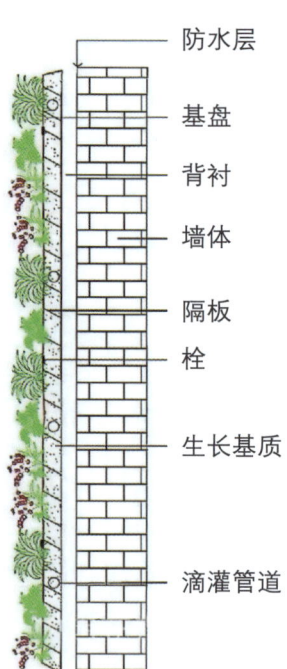

图16 垂直绿化手法

在发展的城市中，各种正在建设的高楼大厦不可避免地带来粉尘飞扬的问题，绿色植物可以吸收灰尘，净化城市空气。原始的施工隔离围墙，在视觉上既不美观，也不能解决粉尘带来的环境问题，如果在建筑施工隔离围墙上设置花架，运用垂直绿化手法，辅以无土草坪毯或者组合式壁挂花器，在美化建筑施工的周边环境的同时，更可以缓解建筑粉尘飞扬而造成的空气污染，同时还能通过降温增湿起到室内节能的作用。

【24】立体绿化中的常见植物和选取原则

立体绿化的主要方式借助于容器，所以也可以将其理解为容器绿化。立体绿化一般在植被的选择上多以小型草本植被为主，依据不同的设计方案，适当地加入小型灌木及观赏草本植物等。

常用的草本类植被包括观花类及观叶类两部分。其中观花类主要有鸡冠花、万寿菊、孔雀草、四季秋海棠等，观叶类主要有银叶菊、彩叶草、玉带草、红苋草、垂盆草、佛甲草、

图17 月季　　　　　　图18 爬山虎　　　　　　图19 凌霄花

酢浆草、地肤草等。除了草本植物外，还有部分灌木、小乔木类植物适合立体绿化设计的应用，主要包括紫薇、叶子花、变叶木等。藤本植物主要有月季、爬山虎、凌霄花等。

爬山虎的茎上有卷须，卷须生有许多分枝，每根分枝上的末端都有吸盘，能够附着在墙壁、大树或岩石上向上爬。爬山虎的生长速度快，如在墙边栽一棵，它的茎很快蔓延到整个墙壁。叶片多但不重叠，能充分利用阳光。叶形变化很大，基部或花枝上的叶是掌状复叶，幼枝上的叶是单叶或三裂。冬季落叶，春季重新萌发生长，秋天叶色变为黄色或红色，5-6月开花，9-10月结果。

只要在房子四周种上爬山虎，用不了几年，它就会爬满整个墙面，等于给房子穿上了一件"绿色外衣"。夏天，住在这种穿上绿色外衣的屋内，会比普通房子凉快得多，因为爬山虎在墙面上形成浓阴，既美化了环境，又能降低墙面的温度。

【25】碳足迹：企业机构、产品或个人通过交通运输、食品生产和消费以及各类生产过程引起的温室气体排放的集合。